南京师范大学教育社会学研究中心

新 教 育 公 平 研 究 丛 书

江苏高校哲学社会科学优秀创新团队

“新教育公平的理论建构与实践探索”项目（2015ZSTD007）研究成果

受江苏高校优势学科建设工程（PAPD）资助

南京师范大学教育社会学研究中心
新 教 育 公 平 研 究 丛 书

丛书主编 程天君

课堂教学公平指标体系的建构与应用

雷晓庆 著

南京师范大学出版社
NANJING NORMAL UNIVERSITY PRESS

图书在版编目(CIP)数据

课堂教学公平指标体系的建构与应用 / 雷晓庆著.
—南京：南京师范大学出版社，2018.12
(新教育公平研究丛书/程天君主编)
ISBN 978-7-5651-3850-8

Ⅰ. ①课… Ⅱ. ①雷… Ⅲ. ①课堂教学—教学研究
Ⅳ. ①G424.21

中国版本图书馆 CIP 数据核字(2018)第 225827 号

丛 书 名	新教育公平研究丛书
丛书主编	程天君
书 名	课堂教学公平指标体系的建构与应用
著 者	雷晓庆
策划编辑	王 艳
责任编辑	丁 婧
出版发行	南京师范大学出版社
地 址	江苏省南京市玄武区后宰门西村 9 号(邮编：210016)
电 话	(025)83598919(总编办) 83598412(营销部) 83598297(邮购部)
网 址	http://www.njnup.com
电子信箱	nspzbb@163.com
照 排	南京理工大学资产经营有限公司
印 刷	南京工大印务有限公司
开 本	787 毫米×960 毫米 1/16
印 张	11.5
字 数	183 千
版 次	2018 年 12 月第 1 版 2018 年 12 月第 1 次印刷
书 号	ISBN 978-7-5651-3850-8
定 价	38.00 元
出 版 人	彭志斌

总 序

追求公平和平等是一种“抗议性理想”，不平等可归因于天意，而平等只能是人类行为的结果。因此，如果说存在着一个使人踏上无尽历程的理想，那就是平等。① 教育公平是人类社会孜孜以求的价值理念，教育公平问题既是古老话题，也是世界性难题，更是中国教育改革和发展进程中的关键问题。② 新世纪以来，教育公平作为我国教育改革和发展中一个不容忽视的难题逐渐成为社会各界关注的重心，也日益成为国家大政方针明确保障的目标。

保障人民群众接受良好教育的机会，是党的十六大确立的全面建设小康社会的重要目标，也是建设社会主义和谐社会的重要内容。由此，学界开始广泛探讨教育公平与社会公平的关系以及教育公平对社会和谐发展的重大价值。党的十七大报告提出了“教育是民族振兴的基石，教育公平是社会公平的重要基础”的重要论断，这为教育公平研究提供了更为明确的政策指引，也明确了教育公平的应然定位和意义。党的十八大报告则提出“大力促进教育公平，合理配置教育资源”，在促进教育公平方面做出了方向性的制度安排，这对教育公平研究提出了更高要求，需要我们向纵深挖掘。党的十九大基于新的历史方位明确提出，中国特色社会主义进入了新时代，我国社会主要矛盾已经转化为人民日益增长的美好生活需要和不平衡不充分的发展之间的矛盾，强调要“推进教育公平”“办好人民满意的教育”。新时代中国社会主要矛盾的变化深刻揭示出我国经济社会发展的阶段性特征，也为政府由“提出教育公平”到“促进教育公平”再到“推进教育公平”这一系列重大决策提供了时代依据。

教育公平既是一个由实践引发的理论问题，也是一个由理论建构的实践

---

① [美]乔万尼·萨托利.民主新论：古典问题[M].上海：上海人民出版社，2015：510－511.

② 贺晓星，等.家长、社区与新教育公平[M].南京：南京师范大学出版社，2018：前言.

问题。教育公平与“和谐社会”“社会公平”“政府责任”“教育政策”以及“社会主义新时代”等关键词的紧密关联，反映出建构本土性教育公平理论以及探索我国教育公平实践的现实需要与可能。

正是基于这一境脉，江苏高校哲学社会科学优秀创新团队——“新教育公平的理论建构与实践探索”团队①，立足于“中国教育问题”和“中国教育经验”，在借鉴与对话既有教育公平理论的基础上，尝试提出了“新教育公平”理念，以呈现我们对新时期中国教育公平问题的诊断与应答。

教育公平不是新课题，新教育公平也不是为了“标”新。② 但是，在这篇序言里，笔者不得不面对“新教育公平到底‘新’在哪里”这一问题。

简单来说，一种思想、一种理论可称之为“新”，要么是其自身具有独特性、创新性和不可替代性等基本特征；要么是其深化、拓展了先前的理论，或者转换了研究的视角，提出另一种（alternative）观点。这里所说的“新”大抵是指后一种。这就必然需要以某种已有的参照系为前提来进行讨论。也就是说，对“新教育公平”之“新”在哪里的认识，需要放在既有国内外教育公平研究的框架中去思考。

纵观既有特别是近年来的教育公平研究不难发现，教育公平理论众说纷纭却难有突破，教育公平实践如火如荼却成效不彰。何以如此？我们觉得，其中主要存在三方面的问题：一是多为宏观研究，二是多为教育外部研究，三是多为理论研究。基于此，“新教育公平”研究尝试另辟蹊径，旨在实现以下三方面的转换：一是从注重教育公平宏观政策的研究下沉到同时注重微观教育过程与质量公平研究；二是从注重教育公平的外部社会支持研究深入到同时注重学校教育内涵式公平研究；三是从注重教育公平的理论研究延伸到同时注重推进教育公平的学校变革实践研究。通过这些转换，建构以“人”为核心评估域的新教育公平理念，并探讨其社会支持策略及相应的学校变革实践。

以“人”为核心评估域的新教育公平理念，可以从三个层面进行理解。

首先，教育公平的核心评估域要发生质的转向，即由侧重考量经济、政治等“社会”的片面指标，转为关注“人”的全面发展，关注“具体的人”在教育过

① 该团队由南京师范大学教育社会学研究中心的骨干力量组建而成。2015 年 6 月，该团队被确立为江苏高校哲学社会科学优秀创新团队。

② 王建华. 新教育公平的旨趣[J]. 教育发展研究，2017(02)：12 - 17.

程中是得到如何"具体的对待"的。这是教育经历以政治为本的阶级内公平和以经济为本的功利主义公平之后，对人的直接关照的复归和超越，亦是对此前教育政治化、经济化的反思与拨乱反正。

其次，受益者将出现横向扩展，即教育公平的受惠者是每一个人，而不是部分人。以经济发展为本建构的教育公平实质上是部分人（所谓"学而优者"或"家庭资本优者"）受益的公平。惯常的择优录取是以学生分数的高低为依据的，在这种标准下，由各种非智力因素导致的"成绩差"的学生往往不能得到和成绩好的学生同等的对待而成为边缘人甚至是局外人。

最后，教育公平将指向过程和内涵。以"人"为核心评估域的教育公平理念不仅关涉显性、物质等公共资源配置方面的起点平等、均衡，更涵盖诸如尊严、幸福、精神等隐性的"教育系统内部"和"教育教学过程之中"的教育公平，目的在于解决教育系统内部相当程度上存在的不平等、不公平或者贬抑、歧视、排斥等问题。

我们这套"新教育公平研究丛书"，正是基于以上设想而辑集问世的。这套丛书，或可看作破解乃至推进解决当前教育公平研究难题的一种努力和尝试，并有望在一定程度上回应和回答新时代"推进教育公平"战略和"以人民为中心"思想的时代课题。

"新教育公平研究丛书"是江苏高校哲学社会科学优秀创新团队"新教育公平的理论建构与实践探索"项目研究的最终成果。这套丛书涉及"教育公平理论的反思与重构""新教育公平的社会支持策略"和"新教育公平视野下的学校变革"等三个项目子课题。应当说，与以往的研究相比，这些论著在理论和实践上都有一定的深化和推进。在理论方面，针对已有教育公平理论重心多在教育公平的外部资源配置和物质支持上这一问题，通过梳理和反思既有教育公平理论，并依据我国社会改革的深入、教育公平的不断推进、新时代社会主要矛盾的变化等现实情况，《新教育公平引论》一书提出了契合新时期社会发展需要的"新教育公平"理念。在实践方面，针对既有研究中关于教育公平的社会支持研究以及关于学校教育过程中教育公平研究不足这两个突出问题，本丛书的其余几部专著着重探讨了新教育公平的社会支持策略和新教育公平视野下学校变革的路径，分别聚焦了"家长、社区与新教育公平""新教育公平视野下的教师教育改革""新教育公平视野下教与学的变革""新教育公平视野下的学校再生产"等主题，并尝试建构了旨在关注教育教学过程公平的“课堂教学公平指标体系”。

“新教育公平研究丛书”的编撰初衷和期望是既葆有国际视野，又凝聚本土经验；既关注理论建构，又着眼实践变革；既注重教育本身和过程，又不忘教育之外和社会支持。借此，在理论上推进和深化教育公平研究，在实践上落实“推进教育公平”战略和促进学校变革。

理想往往很丰满，现实常常很骨感。

“新教育公平的理论建构与实践探索”团队成员虽已努力和尽力，但限于人力和财力，忝为团队带头人的我，在丛书付梓之际，心里除了友谊和感念，更多的则是忐忑和不安。这也是为什么我迟迟提交不了《总序》给出版社的原因。如今，只能硬着头皮请读者批评指正。

“新教育公平的理论建构与实践探索”团队能够成立并被确立为江苏高校哲学社会科学优秀创新团队，离不开南京师范大学和江苏省教育厅的扶持，离不开团队成员，特别是吴康宁、贺晓星、高水红、张义兵、杨跃、王建华、周勇、邵泽斌、柏宏权等诸位师友同事的贡献和襄助；“新教育公平研究丛书”能够面世，离不开南京师范大学出版社，特别是王艳、张文等编者的设计和编辑；“新教育公平的理论建构与实践探索”项目阶段性成果的发表，离不开《教育研究与实验》《教育发展研究》《全球教育展望》等刊物的厚爱和支持，并得到《新华文摘》、人大复印报刊资料《教育学》等刊物的转载和中国社会科学网的关注。在此一并致谢！

草成上文，权作总序，以履行我忝为丛书主编不可回避的职责。

程天君

2018 年 5 月 4 日于金陵随园

序

公平问题既是一个永恒的问题，也是一个常新的问题。说它是一个永恒的问题，是由于公平永远是一种美好的期待，真正的公平只能在路上，我们可以不断地逼近公平，但永远实现不了真正的公平。罗尔斯说，公平只存在于资源中度匮乏的情况下，似乎资源极度匮乏和丰裕的情况下，就不存在或者不发生公平问题。其实，资源极度匮乏的情况下，资源为少数人所占有，成为少数人的特权，那是一种极端的不平等，是不公平的极端表现。在古代阶级社会，教育成为贵族阶级的特权，劳动人民没有受教育的权利，这是极大的不公平。只不过，受社会条件的限制，劳动人民缺少公平和平等的意识，或者虽有意识，也无能为力。即便是资源极大丰富之后，也存在公平问题。因为人们对资源的要求，已经不再是有资源，而是有优质的资源；资源已不再是物质资源，还延伸到对待人的态度、尊严等精神资源。总之，公平没有完成时，社会的发展就是一个不断追求公平、促进公平实现的过程。

说公平是一个时代的问题，是因为没有抽象的公平问题，只有每个时代的公平问题。此一时代与彼一时代不同，所面临的问题和发展要求不同，公平所要致力解决的问题也不同。近代以来，随着工业化的发展和普及义务教育的要求，为劳动人民争取受教育的权利，就是最大的公平问题。显然，在今天的中国，这个问题已经不存在了，中华人民共和国公民都具有平等的受教育权利，争取受教育权利就不是今天我们所要解决的公平问题了。

今天的教育公平是什么问题呢？客观地说，中华人民共和国成立以后，我们一直致力于促进教育公平，尤其是 21 世纪以来，国家把促进教育公平作为基本的教育政策。中华人民共和国成立近 70 年，我们从争取受教育权利的平等，到扩大受教育机会，再到促进教育资源的公平分配。截至 2017 年，学前教育毛入园率达到 79.6%，九年义务教育实现全面普及，九年义务教育巩固率为 93.8%，高中阶段毛入学率为 88.3%，高中阶段教育基本普及，高等教育毛入学率达到45.7%，高等教育大众化水平显著提升。如今的教育公平问题，不是“有没有学上”的问题，而是“上什么学”的问题；在当今中国，教育公平的旨趣也已经从“有学上”转向“上好学”，从享有资源转向对更优质教育资源的需求。优质教育资源既包括可见的物质资源，也包括无形的精神资源。今天的中国，国家推行学校标准化建设，学校的硬件都达到了相应的标准，基本满足了办学需求，学校危房问题已成为历史，甚至一些地方出现了“豪华学校”。因此，教育物质资源的供给也不是教育公平的主要问题，这就使得公平问题从教育外部转向教育内部，从关注物质资源配置转向关注人的发展需要。

新时代中国教育公平的时代背景，要求教育公平的探讨开始聚焦学校内部公平。课堂教学公平是学校内部公平的重要组成部分，也是影响学生发展的核心因素。

课堂以学生为中心。因此，课堂公平必须以学生的需要为中心，满足学生发展的需求。学生既有共性的需求，也有个性的需求。共性的需求包括学生作为一个人、一个公民的需求，个性的需求是指学生自己的独特性；教育公平既要满足人的共同性发展需求，也要满足个体的差异性发展需求。满足前者，教育公平就需要做到同等情况同等对待；满足后者，教育公平就需要做到不同情况不同对待。同等对待是基础，差异对待必须在同等对待的前提下实施；差异对待不仅使优异者更加优秀、更加卓越，也是补偿“弱者”，尤其是补偿因为社会因素造成的受教育者发展的弱势，使他们也能够获得实质均等的机会、资源和发展。

雷晓庆选择“课堂教学公平”为研究对象源于我2017年5月参加华东师范大学教育学部举办的“聚焦学校内部公平”学术论坛，我在那次的论坛上做了主题为“课堂公平的教育学视角”的发言，阐述了我对课堂公平的基本认识。当时，她硕士论文需要选题，在我的指导下，她最终选择了以“课堂教学公平指标体系的建构与应用”为研究主题。

我对课堂教学公平的认识，只是停留在理念层面，但雷晓庆的论文，把对这一理念的认识转化为课堂教学公平的指标体系，将这一研究推向了深入。她在认同和建构课堂教学公平基本理念的基础上，通过查阅国内外与课堂教学公平指标体系相关的文献，初步整理了课堂教学公平指标，然后运用德尔菲法，通过三轮专家意见的征询，不断地修改课堂教学公平指标体系并细化每个指标的表现方式，最终确定了 4 个一级指标、14 个二级指标和 27 个三级指标。其中，一级指标由平等对待、不同对待、公正体验、反向指数四部分构成。平等对待包括身份平等、权利平等、资源分配公平、机会平等 4 个二级指标；不同对待包括因材施教、关注“弱势”学生、关注优秀学生 3 个二级指标；公正体验包括信任感、公平感、满意度 3 个二级指标；反向指数包括教学特权、教学歧视、教学排斥、教学羞辱 4 个二级指标。为了更好地进行量化评价，她又运用矩阵对偶法，确定了课堂教学公平指标体系中各级指标权重数值，极大地提高了课堂教学公平指标体系的科学性。

从课堂教学公平理念到课堂教学公平指标体系的建构，虽然作者运用了德尔菲法和矩阵对偶法，保证了指标体系的科学性，但这些指标是否可行，还需要检验。因此，她又设计了“课堂教学公平测量问卷”，运用问卷和统计分析的方法，证明她所建构的指标体系能够“测得出公平，推得进公平”，且具有合理性和可行性。

整个研究遵循着“理论建构—指标制定—指标运用检验”的研究路线，环环相扣，过程完整，方法科学。由于“公平”本身是一个复杂的理论问题，不仅有多个学科的视野，即便同一学科也有不同的思想争鸣。作者试图站在教育学立场上，以“回到人”为基点，以“促进人的发展”为核心，这种公平的思路不同于以往对物质资源的配置，此谓“新教育公平”的理念。公平理念问题，没有正确与否，作为读者，完全可以不赞同作者的提法，甚至可以反驳其中的观点，这些都很正常。你可以不赞成作者对于教育公平的认识，但作者基于对公平理念的理解，运用德尔菲法建构课堂教学公平指标体系及其对指标体系可行性的检验，其研究态度是严谨的，过程是完整的，方法是科学的，基于她个人对课堂教学公平内涵的认识，所得出的指标体系亦具有自洽性。这些指标及其所构成的指标体系，不仅对于推进教育内部公平研究具有理论意义，对于监测和改进课堂教学公平更具有实践价值。

本书是在雷晓庆的硕士学位论文的基础上修改完成的。一个硕士论文能够做到这样，实属不错，但正因为是硕士论文，初出茅庐，定会有许多不足。其在观点形成过程中也与我讨论多次，作为她的指导老师，我也愿意承担责任，与她一起接受各位学界同人的质疑和批评，也敬请各位指正。

论文能够出版，得益于南京师范大学教育科学学院的程天君教授。天君教授治学严谨，向来以极其挑剔的眼光审视学生的论文。雷晓庆的这篇论文是其参加硕士论文答辩时被天君教授“看中”的。我相信天君教授，也相信天君教授不会“看走眼”。在此，衷心感谢天君教授对年轻学子的扶持和提携，感谢天君教授在答辩和后期修改中给予的思想启迪和帮助。

这本书是雷晓庆学术人生的开始，这个开始不一定足够“精彩”，但毕竟跨出了第一步，这是非常可贵的。希望她在以后的学习中能够更加严格地要求自己，做好每一个研究，写好每一篇文章。只有更加谨慎、严谨，才能使自己的学术研究走得更远，走得更精彩。

冯建军

2018 年 9 月 29 日

目　录

导　论

无论是作为社会系统的组成部分，还是作为促进个体生命成长的活动，教育本身就被赋予了公平的要求。教育公平问题已成为世界各国教育共同面临的亟须解决的突出问题，引起了广泛的关注与足够的重视。事实上，教学是教育的核心，课堂是受教育的主要场所。尽管课堂教学公平只是微观教育公平的组成部分，但在推动教育公平进程中却发挥着举足轻重的作用，因此要实现真正的教育公平，必须要关注课堂教学公平。

一、问题提出

世界在改变，教育也在改变。当前，在基本上解决了“人人都能有学上”的基本问题的基础上，教育改革的重心逐渐转向解决“人人都能上好学”的问题，教育过程公平受到了普遍关注。作为教育过程公平的核心组成部分，课堂教学公平自然而然地受到了愈来愈多的关注。从当前已有研究来看，学术界对课堂教学公平的研究大致可以划分为两大类：一类可归属为课堂教学公平的理论研究，这类研究的研究者多为高校理论工作者，主要从不同视角、不同层面阐述课堂教学公平应该是什么样的，目前，该类研究在已有的课堂教学公平研究中所占比例相对较小；另一类研究可归属为课堂教学公平实证研究，这类研究多以问卷调查法为主要研究方法，辅以访谈法和观察法等方法，基本上遵循着“揭露课堂教学存在的不公平问题—分析存在问题的原因—提出解决问题的策略”这一研究思路，在已有的相关研究中所占比例较大。毋庸置疑的是，“从找准问题到分析问题，再到解决问题”是当前教育实证研究的一条主线，将其运用于课堂教学公平研究，能够促进和改善课堂教学公平现状；但不可否认的是，类似研究往往具有较强的概括性，揭示的多为课堂教学存在的主要不公平问题，缺乏对一些细微、隐性问题的揭露。考虑到课堂教学公平既是对课堂教学事实的判断，同时也是一种价值判断，具有明显的复杂性，不仅涉及方方面面的内容，而且还存在着程度大小不一致的问题，因此，能否试图找到一套方法或者工具，既能快速探究出课堂教学存在的众多问题，也能清晰呈现出问题的严重程度呢？是否还能探索更多、更具价值性的课堂教学公平的应用性研究呢？

多领域、多学科的应用与检测结果表明，一套好的指标体系确实能够快速进行检测，帮助我们找到问题所在，进而有针对性地解决问题。鉴于此，本研究试图对课堂教学公平指标体系进行研究，以期能够建构一套能够测量课堂教学公平程度、反映课堂教学公平问题的指标体系，进而“对症下药”，有针对性地解决课堂教学公平问题，推动课堂教学公平发展。

（一）教育公平的内在需要

自人类社会诞生以来，作为一种普遍性理念，公平正义便在人类社会进程中打下了坚实的烙印，是人类社会发展的永恒价值追求，延伸到教育领域则表现为对教育公平的向往。随着基础教育改革的深入落实，教育公平越来越受到人们的广泛关注。2007 年，党的十七大报告指出，“教育是民族振兴的基石，教育公平是社会公平的重要基础”。2010 年，《国家中长期教育改革和发展规划纲要（2010—2020 年）》将促进教育公平作为国家的基本教育政策。2012 年，党的十八大报告也提出要“大力促进教育公平，合理配置教育资源”。在十九大报告中，国家主席习近平也进一步指出，必须要把教育事业放在优先发展的位置，加快教育现代化，办好人民满意的教育，努力让每个孩子都能享有公平而有质量的教育。因此，“推进教育公平，提高教育质量”是今后教育改革工作的重中之重。

一般而言，教育公平由外部公平和内部公平两部分构成。所谓教育外部公平主要关注的是教育政策、教育权利、教育制度等，是宏观方面的研究，指向教育起点公平；所谓教育内部公平也可以称为内涵式教育公平，即从教育内部层面考察教育公平，或“就教育而谈公平”，指向具体教育教学活动过程中的公平。从现有研究来看，我们目前对教育公平的研究往往聚焦于教育机会、教育资源等外部教育公平方面，而忽略了对学校教育过程、课堂教育过程等内部教育公平的研究。单从逻辑上来看，课堂教学作为基本的教育活动，其公平与否将直接影响教育公平与否，因此，关注课堂教学公平是实现教育内部公平的关键，也是实现教育公平的内在需要和保障。

（二）教育均衡发展的时代需要

当前，区域教育、城乡教育、校际教育在外延式发展方面逐步趋向统一，学校外部构造基本趋同，学校建设规模基本趋同，学校教学设备基本趋同，教育资源基本趋同。但是，不能忽视的问题是，近几年，“择校热”等问题非但未曾削弱，反而愈演愈烈，演绎成政治资本、经济资本在教育领域内进行利益博弈的主战场。作为影响教育均衡发展的主要问题之一，“择校热”之所以愈演愈烈，关键在于人们迫切追求优质的教育，希望得到更好的教育。正如有学者所言，“当前我国教育公平所面临的最大问题是优质资源不足、分布不均”①。由此可见，我国优质教育并未真正实现均衡化发展。

按照冯建军教授的说法，教育均衡发展是分阶段进行的。早期关注的是外延式的均衡发展，解决的是教育资源不足的问题；后期策略必然转向教育内部的改革，朝着内涵式均衡的方向努力。② 因此，与过去很长一段时间相比，现阶段义务教育均衡发展的重心在于内涵式发展，“由关注物到关注人、由关注教师转向关注学生、由关注学生的身份到关注学生的内在动力”③。“人”构成了整个教育内涵式均衡发展的全部。

课堂是“人”在教育活动中最基本的“场域”，教育均衡的内涵式发展必然要关注到课堂中的“人”。一方面，对“课堂教学如何对待‘人’”这一问题的关注，是提升课堂教学质量的关键，是教育内涵式均衡发展不得不关注的问题；另一方面，对“课堂教学如何对待‘人’”这一问题的回答，实际上是实现教育内涵式均衡发展的必然路径。

（三）课堂教学的现实需要

教育承载着太多的希望与梦想。课堂教学是教育活动的最基本组织形式，也是学校教育最主要的活动，它对学生的发展起着全面、深刻、具体的影响。然而，走进课堂教学，感受最深的便是“差别对待”，例如受学生智力发展水平、学习能力、家庭背景等因素的影响，教师对学生的态度也存在明显的差别，跟学生说话时的语气也是“变来变去”，对有的学生轻声细语，对有的学生则是面红耳赤；对有的学生极为关照，但却极力排斥、反感部分学生；尤其在课堂互动教学环节，教师的目光往往会集中于少数优秀学生，最容易忽略部分成绩中等的学生和已经放弃管教的部分学习成绩较差的学生；过于重视家庭环境较好的学生，忽略了家庭情况相对较差的部分学生，

① 王建华. 新教育公平的旨趣[J]. 教育发展研究，2017(02)：14.

② 冯建军. 内涵发展：推进义务教育优质均衡的路向选择[J]. 南京社会科学，2012(01)：120.

③ 冯建军. 义务教育均衡发展必须实现重心转移[J]. 教育发展研究，2013(12).

造成部分学生被边缘化，难以融入课堂教学，等等。总而言之，整个课堂到处都充满着“区别”与“差异”。

诚然，教学面对的是一个个鲜活的、具体的人，基于学生发展的差异性，课堂理应是，也必须是一个存在着“区别”的地方，理应充满着“差异”——但此“异”非彼“异”。此“异”指向全体学生，既强调差异，又重视平等，是基于尊重每个学生基础上的差异对待；而彼“异”却仅仅局限于个别学生，以损害学生人格尊严为代价。这种看似“有别”，实则“违别”的差异对待，极大地扰乱了正常的教育教学秩序，打破了课堂教学公平，危害了学生的身心健康发展。进一步来看，到目前为止，大多数对上述现象的相关研究往往倾向于从微观的教师行为或态度进行观察，进而将某些课堂教学事实断定为一种不公平现象，并对其形成原因、解决策略进行分析讨论，但缺乏对课堂教学公平状态或程度的判断研究。

其实，课堂教学公平的状态或程度往往更能全面、综合地反映整个课堂教学公平现状，而“程度”往往是依据指标测出的。因此，我们有必要对课堂教学公平内涵及其指标进行研究，探究我们到底需要什么样的课堂教学公平以及到底应该如何评判课堂教学公平状态等问题，进而发挥课堂教学公平指标体系既能检测课堂教学公平状态、又能改善课堂教学质量的双重作用。

二、研究意义

正如谢维和教授所言：“今天的中国，教育公平已经具有了非常特别的意义。它不仅仅是教育问题，是国家和社会的问题，还是整个国家在新的战略布局中非常重要的基础性问题。”①谢教授的话真的是一针见血，既指出了教育公平的重要作用，又揭示了教育公平的重要地位。结合当前教育现状来看，关注教育公平迫在眉睫。课堂教学公平作为教育公平的组成部分，尽管看似只是微观层面的教育公平，实则从根本上影响着整个教育公平能否实现。换言之，教育是否公平关键在于课堂教学是否公平。同时，从“人”出发，以指数的方式研究课堂教学公平，既打破了原有研究对“物”的过分关注，使课堂教学公平真正回到了“人”，也打破了原有研究路线，开辟了课堂教学公

① 谢维和.中国教育公平发展的阶段性分析[J].基础教育，2015(03)：14.

平研究新思路，因此，本研究有着非常重要的理论价值与实践意义。

（一）理论价值

1. 丰富课堂教学公平理论研究

课堂教学是教学的有机组成部分，也是教育的基本活动。课堂教学公平是教育内部公平的体现，也是实现教育公平的必经之路。当前我国对课堂教学公平的研究主要集中于对课堂教学现状的研究，也就是从现状出发，讲述课堂教学不公平现象、探究其原因、寻找其出路等，但实践表明，仅从实践层面研究课堂教学公平似乎并不可能产生根本性作用。可以说，缺乏理论思考的课堂教学公平研究不仅对改善课堂教学不公平现象的作用微乎其微，而且也未能触及其关键"劣根"所在。因此，对课堂教学公平指标体系进行探究，不仅能够有效回答课堂教学公平"是什么"，而且也渗透着"为什么"，进而有助于拓展课堂教学公平研究视角，丰富课堂教学公平研究理论。

2. 拓展教育公平研究新视角

长期以来，教育公平都是教育热点研究问题。但无论是教育资源的分配，还是教育权利的保障，乃至教育机会的扩大，概括起来看，人们对教育公平的研究视野始终集中于外部教育公平，忽略了对内部教育公平的讨论，使其内部公平研究与外部公平研究逐渐失去了平衡，间接导致教育公平状况难以改善，人民群众对教育的获得感、满意度难以提升。因此，对教育公平的微观层面——课堂教学公平的关注能够将人们对教育公平的研究视野从外部教育公平"延伸"到内部教育公平中来，唤醒人们对内部教育公平的认知，拓宽当代教育公平的研究新视野，探究真正意义上的教育公平。

（二）实践意义

1. 促进课堂教学公平

既要测得出课堂教学公平程度，也要推得进课堂教学公平行为。一方面，本研究从新教育公平视野出发，基于"人"的发展，专注于对课堂教学公平问题的研究；另一方面，本研究也以促进课堂教学公平为目的。尤其是就当前研究来看，我们往往习惯于以经验来判断课堂教学中的某类现象是否公平，这种做法本身不仅有失公平，而且也严重破坏了正常的教学秩序。因此，对课堂教学公平指标体系的建构，以指数的方式判断课堂教学公平实际状况，能够较好地避免此类事件的发生，促进真正意义上的课堂教学公平。

2. 提升教学质量

教学是教育的关键,也是教育的中心环节。从实践层面来看,课堂教学不公平现象由来已久。如:教师有意识地"差别"对待学生,被偏爱的部分学生有恃无恐,变得肆无忌惮,甚至在课堂上目中无人,心中无纪;而被冷落的部分学生往往自甘堕落,对学习、生活失去了信心,终日死气沉沉,郁郁寡欢。这些不仅危害到学生的学业成绩、心理健康等,而且还严重影响了教师教学效率、学生学习效率、课堂教学的有序进行等。因此,对课堂教学公平内涵及其指标体系的研究能够有效回答面对"具体的人"时,教师应该如何"具体对待"的问题,有利于增强教师对课堂教学公平的认知,更好地把握课堂教学活动,促进每个学生的发展,促进教师的专业发展,提高教学效率与教学质量。

三、研究方法

为设计一套科学、可行、合理的课堂教学公平指标体系,本研究所采用的研究方法主要包括文献分析法、德尔菲法以及问卷调查法。

(一) 文献分析法

文献分析法主要指收集、鉴别、整理文献,并通过对文献的分析研究形成对客观事实的科学认识的方法。在研究过程中,文献分析法发挥了至关重要的作用。首先,在提出问题、确定问题的过程中,需要运用文献分析法对选题的可行性进行初步论证;其次,采用文献分析法,通过广泛收集和查阅伦理学、社会学以及教育学等相关学科对课堂教学公平的研究文献,探究课堂教学公平相关研究理论,掌握课堂教学公平问题,并在现有研究的基础上形成本研究对课堂教学公平内涵的认知。同时,在建构当代课堂教学公平指标体系之前,利用文献分析法,明晰国内外对课堂教学公平指标体系的相关研究,可以为后续研究寻求可供借鉴的经验。

(二) 德尔菲法

所谓德尔菲法(Delphi Method)也被称为专家咨询法,由美国兰德公司所创立。本研究采用德尔菲法,目的在于通过咨询研究课堂教学公平领域的权威专家、学者的意见,对预先建构出来的课堂教学公平指标进行调查,并结合前期专家、学者的反馈,不断进行修改。修改后再进行咨询,反复循环,使该领域内专家、学者的意见趋于集中并达到统一,以此来形成较为完善的课堂教学公平指标体系。考虑到课堂教学公平既是一个理论问题，也是一个实践问题，因此，在德尔菲法的专家对象的选择方面，本研究既选择了高校对课堂教学公平理论研究较有权威的理论工作者，也选择了从事中小学教育工作的一线工作者。

（三）问卷调查法

本文采用问卷调查法的主要目的在于将本研究最终建构的课堂教学公平指标体系进行再检测，以此增强指标体系的适切性。具体做法为：依据德尔菲法最终形成的课堂教学公平指标体系，结合课堂教学公平指标体系评价标准，编制了课堂教学公平调查问卷，选取同一所学校同一年级的学生进行问卷试测，对问卷进行独立样本检验和项目区分度分析，在保证问卷具有较高的适切性与可靠性之后，再向不同学校同一年级的学生发放问卷；随后，利用 SPSS 22.0 统计软件，整理分析调查结果，以此探究实际课堂教学过程中存在的公平问题，进而从实践层面上考察课堂教学公平指标体系的适切性与可行性。

四、研究思路与框架

（一）研究思路

本研究主要遵循“分析—建构—解释—验证”的基本思路对课堂教学公平内涵及其指标体系进行研究。具体来说，本研究的第一步主要是大量阅读已有相关文献，重点解决三个问题：一是通过阅读文献，掌握当前已有课堂教学公平相关研究理论；二是通过文献的阅读，同时结合个人对课堂教学公平的认知，从新教育公平视野出发，阐述“平等＋差异”的课堂教学公平内涵；三是慎重删选文献，选择阅读与本研究相关性较强的文献，更为详尽地梳理与分析国内外课堂教学公平及其指标体系的维度，从而为下一步研究提供参考依据。第二步是建构课堂教学公平指标体系，首先初步设定课堂教学公平指标体系的等级与维度，然后运用德尔菲法，发放专家咨询问卷，征求专家的意见，并进行修改；修改过后再次运用德尔菲法，征求专家们对修改后的课堂教学公平指标体系的意见，随后再进行修改、咨询，循环三次，逐步使得专家、学者的意见趋于集中，最终形成课堂教学公平指标体系框架。第三步是分析与解释本研究最终所建构的课堂教学公平指标体系框架，主要是对各级指标的权重进行确定，并对各级指标内容进行解释说明，同时，阐释课堂教学公平指标标准。第四步是对课堂教学公平指标体系进行验证，首先是编写问卷，依据课堂教学公平指标标准，设计“课堂教学公平测量问卷”，紧接着选取同一学校同一年级的不同班级发放问卷，进行试测，对问卷的适切性和可靠性进行判断，并修改问卷；随后，选取不同学校同一年级的不同班级正式发放问卷（因为研究精力有限，对课堂教学公平指标体系适切性的检验只能局限于不同学校同一年级）；然后，借助 SPSS 22.0 软件对调查数据进行处理，并对不同学校同一年级不同班级的课堂教学公平实际状况进行分析比较，形成研究结论，以此来论证本研究所建构的课堂教学公平指标体系的可行性与科学性。

（二）研究框架

依据研究思路，结合实际，本研究制定了如图 0.1 所示的研究框架图。由图可见，本研究主要包括三部分内容。第一部分是对课堂教学公平及其指标体系的基础研究，主要在于运用文献分析法，对当前课堂教学公平理论进行文献研究；并以新教育公平理念为研究视野，界定新教育公平视野下的课堂教学公平内涵；以及梳理国内外课堂教学公平指标体系相关研究。第二部分为课堂教学公平指标体系的建构研究，该部分是本研究的重点，包括指标等级的确定、指标的修改、指标框架的确定与分析。第三部分为课堂教学公平指标体系的应用研究，通过编制、修改“课堂教学公平测量问卷”，向学生发放问卷，进行数据分析、结果呈现，以此判断课堂教学公平指标体系是否能够切实测得课堂教学公平程度，并对课堂教学公平指标体系的适切性进行检验。

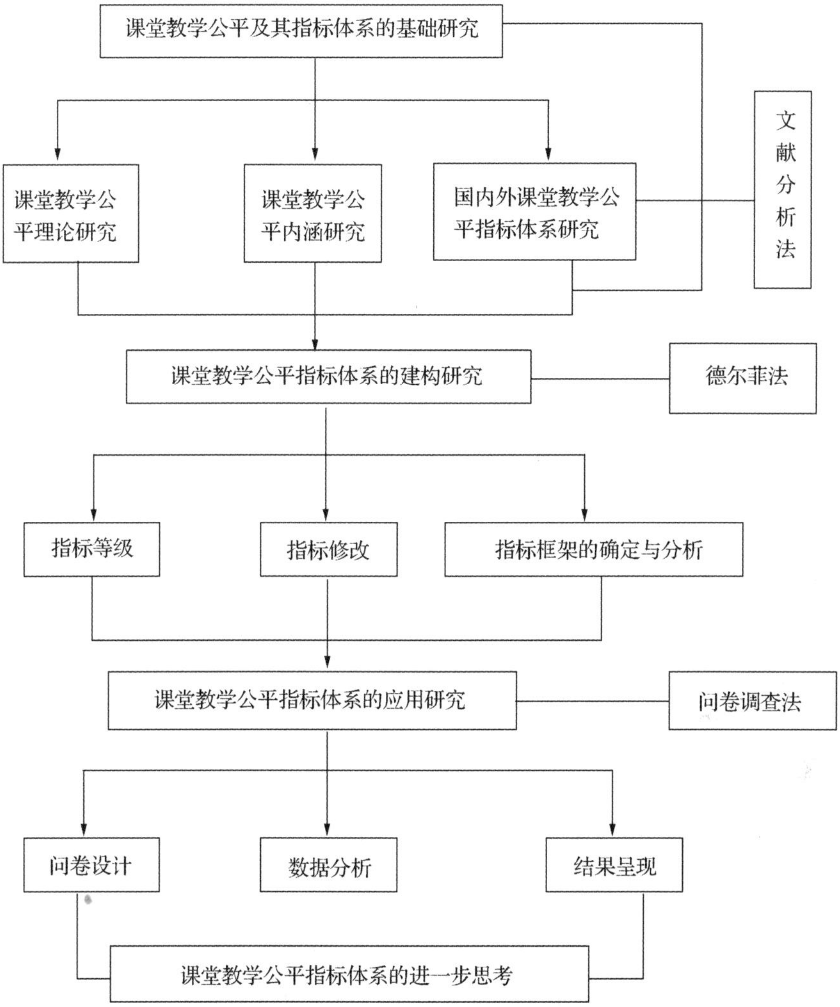

图 0.1 课堂教学公平指标体系研究框架图

第一章
课堂教学公平的理论阐释

国家主席习近平同志在十八届一中全会后中央政治局常委与中外记者见面会上，把“更好的教育”列为人民的期盼之一，提出“我们的人民热爱生活，期盼有更好的教育……人民对美好生活的向往，就是我们的奋斗目标”。教育公平是社会公平在教育领域的投射，也是当前人民群众最为期盼解决的社会问题之一。毫无疑问，公平的教育能够极大地增强人民群众对教育的获得感、满意度，能够较快推动“更好的教育”的实现。因此，提升教育公平，是我国当前教育改革的重要任务。

首先，本章对西方有关课堂教学公平的理论进行了梳理。厘清了西方对课堂教学公平进行研究的理论基础，明晰了研究课堂教学公平的“支撑点”；整理了西方“多元”正义观，透析了分配正义、承认正义、比较正义三种正义观，同时分析了其他西方教育公平理论，目的在于更好地理解和认识课堂教学公平，能够对“课堂教学公平追求什么”这一问题形成基本的判断，也能够综合考虑并回答“课堂教学公平到底为了什么”。

其次，本章梳理了当前我国不同学科对课堂教学公平内涵的已有相关研究。一方面，由于学科不同，所属性质不同，根本出发点不同，所以，对课堂教学公平内涵的理解不同；另一方面，由于公平本身具有的复杂性，所以，即使同一视角，不同的人对课堂教学公平也有不完全相同的理解。尽管如此，在梳理过程中，本研究发现，无论基于何种视角，对课堂教学公平内涵的界定始终围绕“人”而进行，回答的是课堂教学公平如何对待“人”的问题。

最后，本章分析了当前我国“新教育公平的理论建构与实践探索”创新团队所提出来的新教育公平理念。新教育公平是就是要从教育本体出发，以高质量的教育和实质性的公平为两翼，让每一个人都能享有适合自己的优质教育。[①] 该理论是基于对我国当前教育公平所处阶段面临的问题进行反思之

① 王建华．新教育公平的旨趣[J]．教育发展研究，2017(02)：15．

后，立足于教育公平的“属人性”而诞生的。新教育公平从根本上揭示了教育公平的本然追求，一针见血地指出了当前我国教育公平面临的最大问题是优质教育资源不足、分配不均，回答了“新时期教育公平要如何对待具体的人”的问题，为新时期我国教育公平发展提供了新思路。而课堂教学公平作为教育公平的重要组成部分，运用新教育公平理念分析、认识课堂教学公平问题无疑是今后课堂教学公平研究的必然路径。

一、西方课堂教学公平理论

西方国家对课堂教学公平的研究始于20世纪50年代。在研究过程中，一方面，课堂教学公平归根到底是课堂教学活动，所以，对课堂教学公平的研究也受到了课堂教学理论的影响；另一方面，课堂教学是基本的教育活动，对课堂教学公平的研究自然而然地也会受到教育公平相关研究的影响。因此，本小节既对研究课堂教学公平的教育理论进行了梳理，也对与之相关的教育公平理论进行了梳理，目的在于更好、更全面地认识课堂教学公平。

（一）西方课堂教学公平的理论基础

当前，学术界对课堂教学公平的思考主要来源于多元智能理论、教学最优化理论、掌握学习理论、全纳教育理论、关怀教育理论、维果斯基的“最近发展区”理论等，在这里，简要介绍以下三种理论，以透视这些理论对课堂教学公平研究的启示。

1. 多元智能理论

20世纪初，为对学生智力发展水平进行测试，预测学生将来发展状况，法国心理学家阿尔弗莱德·比纳(Alfred Binet)率先设计出了一套智力测量表。该表是世界上最早研发出来的用于测试智力的工具，开启了“智力测验”的先河。自诞生之日起，“智力测验”便备受青睐，快速在世界范围内展开了广泛的应用。在应用过程中，“智力测验表”被不断修改、补充、完善，但始终都强调人的发展就是人的智力发展，而且人的智能是一元的。具体到实际教学来看，就是以学生学业成绩的高低衡量学生今后职业发展的成就。后来，随着越来越多的“高分低能”的社会人的出现，人们开始意识到，这种长期将智力视为人的唯一智能的做法，直接忽略了人在心理、情感、个性等方面的发展，培养的是一个个不健全、不完整的人。因此，西方众多心理学家着重开始重新思考人的智能，试图打破传统的一元智能理论，从更加广阔的视野来探究个体智能理论。多元智能理论就是在这一背景下诞生的，该理论由美国哈佛大学教授霍华德·加德纳（Howard Gardner）所提出。

在加德纳看来，人的智能并非单一的，人的智能至少包括：语言智能、逻辑数学智能、视觉空间智能、身体运动智能、音乐智能、人际关系智能、自我认识智能、自然观察智能、存在智能等，①而且“人与人之间的差别，主要体现在人与人所具有的不同智能组合”②。所以，多元智能理论不仅沉重地打击了传统的一元智能理论，呼吁教育要关注学生的多元智能，而且也为教育教学提供了新思路，强调教育要关注个体的独特智能。

受多元智能理论的影响，人们的教育视野逐渐不拘泥于以往以成绩或者智力来评判学生好坏、优秀与否的标准，而逐步开始关注学生的多样化发展。在这一过程中，有学者指出，多元智能理论强调教育应该为学生创造多种多样的智能情境，为学生的学习提供多样化的选择，从而有效地促进每个学生的发展。③ 具体到课堂教学领域来看，借鉴多元智能理论强调个体的智能虽存有差异性，但不存在高低、优劣之分，有研究者指出，教师要换一个角度看学生，施以充分的教学，使不同的智力水平和类型的学生都可以在学校学习中获得成功。④ 在这里，多元智能理论为课堂教学以不同的方式平等对待每个不同的学生奠定了理论基础，启示课堂教学要因材施教。所以，在某种程度上，从多元智能的角度设计课堂教学，是实现微观教育公平的最佳途径。

2. 掌握学习理论

掌握学习理论是由美国心理学家、教育家布卢姆（B. S. Bloom）所提出来的。与多元智能理论类似，掌握学习理论的诞生也缘于其创始人布卢姆对传统一元智能理论所带来的消极影响的思考。20 世纪 60 年代，由于美国长期使用“智力测量表”，通过测试学生的智力，有意识地按学生成绩好坏将学生划分为“优等生”“中等生”和“差生”，并对“优等生”给予较高的期望、关注与鼓励，而忽略了大部分学生，所以导致美国教育质量严重下滑，“差生”人数不

---

① 霍华德·加德纳. 多元智能[M]. 北京：新华出版社，1999：9.

② 霍华德·加德纳. 多元智能[M]. 北京：新华出版社，1999：13.

③ 党永海. 多元智能理论视野下的课堂教学公平[J]. 现代教育科学，2007(10)：123.

④ 毛景焕，赵准胜. 从多元智力理论看教学的公平性和学生发展的平等性问题[J]. 外国教育研究，2002(06)：7.

断上升。基于对这一现状的思考，布卢姆通过长期的观察、实验和个案追踪，总结得出，学生在智力方面确实存在差异，但导致学生学习成绩差异的主要原因并不在于学生智力方面存在的差异，而在于学生对知识的掌握速度不同。① 换句话说，不同的学生有不同的学习能力，获得新知识的时间长短不一，但每个学生都有获得新知识的能力。

因此，基于学习能力的不同，布卢姆提出了掌握学习理论，向我们揭示出一个道理——评价和发展学生的智力应该是以"时间"为维度的过程。借鉴布卢姆掌握学习理论，可以肯定的是，在课堂教学活动中，每个孩子都能发展成为最好的自己，但关键在于教师是否能够提供充分的教学时间，给予每个孩子都能发展成为最好的自己的机会。在这一过程中，教学时间的不同本身就透露着课堂教学要以不同的方式对待不同的学生，唤醒了我们对课堂教学中"差别对待"的重新思考。此外，布卢姆掌握学习理论也启示我们，要给予学习能力较弱的学生较长的学习时间，在这里，掌握学习理论为论证"补偿"对待的合理性奠定了基础。可见，布卢姆掌握学习理论的提出为课堂教学公平研究提供了新思路。

3. 全纳教育理论

20 世纪 70 年代，为保证特殊儿童能够拥有正常的学习机会和条件，教育领域内掀起了一场"回归"主流运动，即要尽可能让特殊儿童享有与正常儿童一样的教育。20 世纪 90 年代，针对特殊教育问题，联合国教科文组织在泰国召开的"世界全民教育大会"上发表了《世界全民教育宣言》，提出了"全民教育"理念，指出"全民教育"的目标是满足所有人基本的学习需要，肯定了特殊儿童接受教育的必要性。

随后，时隔四年，仍为解决特殊教育问题，联合国教科文组织在西班牙萨拉曼卡再次召开了"世界特殊需要教育大会"。本次会议通过了《萨拉曼卡宣言》，在"全民教育"理念的基础上，提出了"全纳教育"，并号召世界各国广泛开展全纳教育。在全世界人民的密切关注下，"全纳教育"登上了世界教育的舞台，从最初的特殊教育领域延伸至整个教育领域，从最初对特殊儿童的关照延伸至对所有儿童的关照。

根据《萨拉曼卡宣言》中提出的全纳教育的五条原则，即每个儿童都有受

---

① 乔桂娟，李楠楠. 布卢姆"掌握学习"的理论释义与现实启示[J]. 教育科学研究，2018(05)：55.

教育的基本权利；每个儿童都有独特的特性、兴趣、能力和学习需要；教育要考虑到儿童的不同特性和差异；有特殊需求的学生应该有机会进入普通学校学习；全纳学校是反对歧视、创建人人受欢迎的社区、建立全纳社会和实现全民教育的最有效的途径。① 教育既要保障每个个体的学习权利，接纳所有学生，为每个人提供受教育的机会；也要关注个体的特性，满足不同学生的不同需求。

受此影响，学术界普遍呼吁，在课堂教学过程中，教师要一视同仁，关注到每个学生的发展，尤其要坚决反对教学排斥，消除教学歧视，让所有学生都能接受到好的教育。因此，全纳教育理论为课堂教学平等对待学生提供了理论支撑，不仅对解决特殊儿童在课堂教学中的受教育问题有重大启示，也对解决当前课堂教学过程中存在的不公平问题有所帮助。

（二）“多元”正义观

正如约翰·罗尔斯(John Rawls)在《正义论》开篇所指出的，“正义是社会制度的首要价值，正像真理是思想体系的首要价值一样”。② 教育是复杂的社会系统的重要组成部分，“正义是教育的根本所在”③，教育是正义的事业，必须符合正义的要求。因此，对教育公平理论的探讨，离不开对正义理论的认知。但正义如同一张普罗修斯的脸，基于不同的立场、不同的视角，就会产生不同的正义观。本小节主要分析了以罗尔斯为代表的分配正义理念、以阿克塞尔·霍耐特(Axel Honneth)为代表的承认正义理念、以阿玛蒂亚·森(Amartya Sen)为代表的比较正义理念，目的在于更加辩证地认识公平。

1. 分配正义

人类社会是一个物质的存在。在罗尔斯看来，社会正义的实质是分配正义，分配正义指社会利益和社会负担的合理分配。④ 由此，罗尔斯以“无知之幕”为假设，进一步提出，“所有的社会益品——自由和机会、收入和财富、自尊的基础——都必须平等地分配，除非对某一种或所有社会益品的不平等分配将有利于最少受惠者”⑤。因此，按照罗尔斯的说法，正义的分配要坚持

---

① 黄志成. 全纳教育：国际教育新思潮[J]. 中国民族教育，2004(03)：42.

② 约翰·罗尔斯. 正义论[M]. 北京：中国社会科学出版社，2001：3.

③ 冯建军. 教育公正——政治哲学的视角[M]. 福州：福建教育出版社，2008：35.

④ 约翰·罗尔斯. 正义论[M]. 北京：中国社会科学出版社，2001：4.

⑤ 约翰·罗尔斯. 正义论[M]. 北京：中国社会科学出版社，2001：62.

"平等的分配"原则，但允许不平等分配的存在，不过这种不平等的分配如满足以下两个条件：①社会益品的分配要公平地对待所有人；②不平等的分配有利于社会中最不利成员的最大利益，则也是正义的分配。

罗尔斯分配正义理论强调的是对社会产品、社会资源、社会利益的公平分配，在教育公平领域中的应用主要表现在两个方面：一是平等对待每个受教育者，保障人人享有平等的受教育权，提供平等的受教育机会，保证对教育资源进行平等的分配等；二是补偿对待弱势群体，克服平等分配过程中的"不应得的不平等"，目的在于实现弱势学生群体的利益最大化。

自教育公平研究以来，罗尔斯正义分配理论便得到了广泛运用，课堂教学公平研究亦是如此。尽管罗尔斯正义理论存在一些弊端，受到了很多质疑，但相对而言，对课堂教学公平内涵的解析、原则的剖析、解决对策的分析大多均以罗尔斯正义理论为起点。

此外，关于分配正义理论，与罗尔斯同属自由主义阵营的德沃金(Dworkin)、诺齐克(Nozick)等人也提出了自己的观点。与罗尔斯不同，在资源分配过程中，德沃金认为，"一方面是规定一种成功的生活是什么样的信念和态度，理想(即资源平等权的理想)将此归因于个人的志向，另一方面是为这种成功提供途径或设置障碍的身体、精神或个性的特征，理性将此归因于个人的环境"。① 所以，在资源分配过程中，德沃金主张资源分配既要考虑人的自然禀赋和社会境况，平等待人；也要关注人的"志向"，允许发展个人的志向，给予个体充分发展的空间。这需要我们思考的是，公平的教学是不是也要学会考虑个体的个人意愿呢？忽略了个体意愿，强迫个体学习，是不是也是有违公平的呢？

而在诺齐克看来，正义应该像罗尔斯所主张的，坚持"基本自由及其优先的原则"，但"个人权利神圣而不容侵犯"，正义的分配不应该体现在分配结果上的平等，因此，诺齐克坚决反对罗尔斯"补偿正义"原则。这就需要我们进一步探讨"补偿对待"原则。课堂教学资源的分配到底需不需要"补偿对待"呢？或者说，何种意义上的"补偿对待"是不会侵犯个人利益的呢？

尽管三人持不同的资源分配正义观，但无论如何，都体现了一个浅显的道理：资源的分配在公平的实现中具有非常重要的意义。具体到教育领域来

---

① 转引自顾肃. 自由主义基本理念[M]. 北京：中央编译出版社，2003：351.

看，教育资源分配是否公平直接影响教育是否公平。因此，坚持何种原则对教育资源进行分配是教育公平不得不思考的问题。而以上三种分配理念，对我们如何公平分配课堂教学资源无疑都具有启发意义。

2. 承认正义

“分配正义着眼于社会资源的分配，目的是平等地享有社会资源，它诉诸的是社会制度，关注的是资源配置方式。”①与分配正义不同，法兰克福学派第三代核心人物阿克塞尔·霍耐特等人提出“承认正义”，将分配从属于承认，认为“正义的目标不是消除不平等，而是避免羞辱或蔑视代表着规范目标；不是分配平等或物品平等，而是尊严或尊敬构成了核心范畴。”②其中，不羞辱、尊重构成了承认正义的核心观点，爱的关怀、平等的尊重、成就的赞许是承认正义的三种形式，需要原则、平等原则和成就原则组成了承认正义的三种原则。

人是教育的主体，教育是人的教育，教育的最终目标在于促进人的自我实现。而人是有尊严的，所以，教育要尊重每个受教育者。承认正义为教育公平提供了新思路，有学者指出，后均衡化时代，教育公平要从“分配正义”走向“承认正义”，从关注教育权利、教育机会、教育资源的分配走向对个体生命、人格尊严的关注。③ 一方面，“教育资源不是教育的全部，也不是教育的根本”；另一方面，分配正义无法解决生命关怀、人格尊严、心理影响等问题。④ 所以，承认正义不仅是对个体人格尊严的关照，也是教育回归“人”的表现，有利于个体完整性的实现。因此，微观层面的课堂教学公平必须要实现“承认正义”，考虑到关注每一个学生，尊重每一个个体，给予每个学生平等的关怀、尊重和赞许。

3. 比较正义

针对罗尔斯公平正义理念，阿玛蒂亚·森认为，罗尔斯正义理念“致力于探寻完美的正义，而不是相对而言的正义与非正义，即仅仅探寻终极的社会正义的特征，而不是对现实并非完美的社会进行比较研究。它致力于探究

---

① 冯建军.后均衡化时代的教育正义：从关注“分配”到关注“承认”[J].教育研究，2016(04)：42.

② 阿克塞尔·霍耐特.承认与正义——多元正义理论论纲[J].学海，2009(03)：79.

③ 冯建军.后均衡化时代的教育正义：从关注“分配”到关注“承认”[J].教育研究，2016(04)：43.

④ 冯建军.后均衡化时代的教育正义：从关注“分配”到关注“承认”[J].教育研究，2016(04)：44.

‘正义’的本质，而不是寻找用以评判哪种社会相对而言‘更为公正’的标准”①。因此，基于对罗尔斯正义理论的批判，阿玛蒂亚·森反对通过建构“绝对公正的制度”来实现正义，提出了着眼于改进现实“明显不正义”的比较正义理论，主张正义在于关注现实各种可能选择的比较，而不是瞄准最合理最正确的方案。

阿玛蒂亚·森比较正义理论允许人们关注制度层面的不正义和行为层面的不正义，并且依据充分但绝非完备的信息来制定出相对而言的正义原则或积极政策，以此来消除那些明显的不正义。② 比较正义理论也被称作社会选择理论，是一种对正义的分析理论。比较正义理论反对探索完善的正义，重视现实的正义，将人们对正义的研究视野拉回到现实正义或非正义之中，通过对现实情况的复杂性和不确定性的认识，知道无法避免会存在各种相互矛盾的、难以取得一致的可能选择。该理论的诞生，为教育公平研究提供了新的视角，比起以往对教育公平理论的构建，着眼于当前教育存在的非正义问题，也许更有利于解决教育公平发展中的现实问题。

（三）其他相关理论

除了以上几种正义观以外，西方对教育公平的研究还包括科尔曼报告、胡森的教育机会均等观等。尤其是科尔曼报告，首次指出了学校的物质条件并不是决定学生学业成就的核心因素，学生的家庭背景对其学业成就有着显著影响，学校的作用在于帮助学生克服其出身不平等所带来的学业进步障碍，打破了以往教育公平研究的局限，呼吁教育对弱势群体的关注。同时，重新界定了教育机会均等的内涵，提出了教育结果平等的思想，把教育公平研究从学校投入资源的均等转向学校结果的均等，在教育研究进程中，具有根本变革的意义。具体到课堂教学公平来看，科尔曼报告为“对弱势群体在学习过程中的‘特别’关注”提供了有利证明。

此外，西方不同的理论学派对教育公平也有不同的研究，前面所提到的分配正义属于自由主义流派的研究，承认正义属于法兰克福学派的研究。除此以外，功利主义对公平的研究在于主张“最大多数人的最大幸福”，教育公平就在于谋求最大多数人的最大利益；社群主义强调社群的共

---

① 阿玛蒂亚·森. 正义的理念[M]. 北京：中国人民大学出版社，2013：5.

② 秦子忠. 以可行能力看待不正义：论阿马蒂亚·森的正义理论[J]. 上海交通大学学报(哲学社会科学版)，2016(03)：4.

同利益，主张“正义就是共同体的共识”，教育公平就是为了实现社群共有的平等，等等。这些不同理论学派对教育公平的研究，对我们研究课堂教学公平无疑都具有重要作用。但由于篇幅有限，在这里只能简单地介绍一些常见的、通用的理论。

二、多学科视角下的课堂教学公平

公平是一个沉重而复杂的话题。教育公平与否直接关乎教育本身、关涉人的发展、触及人类利益问题，但正如恩格斯所言：“关于永恒的公平的现象，不仅因时因地而变，甚至也因人而异。一个人有一个人的理解。”①一方面，教育公平是一个时代性话题，不同的时代具有不同的诉求；另一方面，每个人的想法不同、认知不同，对教育公平的理解不同、感受不同。课堂教学公平亦是如此，其公平与否直接关系到每个学生的发展，但不同的人对课堂教学公平有不同的理解。具体到相关研究领域来看，学术界对课堂教学公平至今并未达到高度的统一认识，不同的学科对课堂教学公平内涵有着不同的界定。

（一）社会学视野下的课堂教学公平

在教育社会学领域，吴康宁教授开历史之先河，率先对“课堂”与“社会”之间的关系进行了重新思考，消除了“课堂与社会”这一说法隐含着的一个危险，即把“课堂”与“社会”断然区分为两个不同的范畴，把“课堂”完全置于“社会”之外。② 他提出“课堂”本身也是一个“小社会”，引入了“课堂社会”这一新概念，从社会学视角对课堂教学进行了研究。受此影响，有学者从社会学视角界定了课堂教学公平内涵，从关注学生的社会身份出发，指明了课堂教学公平是什么。如郭元祥教授认为，课堂教学中的公平主要指对待的公平，具体体现在两个方面：一是对待学生个性差异的公平，即教师在课堂教学中能否给家庭背景、智力水平、教养程度不同的学生以平等对待；二是师生关系中的公平，师生的关系涉及教师与学生之间的认知关系、情感关系、伦理关系、社会关系等具体内容。③ 闫兵从布迪厄“场域”视野出发，认为课堂教学公平是指教师在课堂教学中给不同社会背景、家庭条件、智力水平、性格特征

① 马克思，恩格斯．马克思恩格斯选集(第3卷)［M］．北京：人民出版社，1972：212.

② 吴康宁．课堂教学社会学［M］．南京：南京师范大学出版社，1999：2.

③ 郭元祥．对教育公平问题的理论思考［J］．教育研究，2000(03)：24.

的学生以公正平等的对待。① 汪卫平认为，课堂公平是指教师在课堂中平等地对待每一个学生，为学生提供平等的教育资源和受教育机会，根据学生的个体差异，施以适合其能力的教育，使其智力和潜能得到充分的开发。② 王升等人将课堂教学公平视为教师的一种合理性行为，表现为教师在教学态度、学生课堂参与、资源分配、方法选用、教学评价等方面的行为取向。③ 此类研究皆将课堂视为社会群体生存场所，回答了在这样一个类似于社会的场所中，教师要公正、平等地对待"千差万别"但"组合"在一起的学生群体。

（二）教育学视角中的课堂教学公平

反思社会学对课堂教学公平的研究，冯建军教授指出，停留于人的外部社会身份，要求教育资源分配平等对待每一个学生，是实现课堂教学公平的必要条件，但课堂教学公平的研究不能仅仅局限于人的社会身份，还需要关注学生的个体生命，使课堂公平由外到内、由课堂的社会公平转变为课堂自身的公平。紧接着，冯建军教授提出，对课堂教学公平的研究必须立足于课堂公平的教育学视角。同时，因为教育是直面人、通过人、促进人发展的实践活动，所以，在冯建军教授看来，教育学就是人学，教育学的立场就是人的立场。④ 因此，对课堂教学公平问题的探讨要从"教育活动中人与人之间的关系及其对人的发展意义的视角，依据教育和人的发展的一般规律"⑤来进行。

在现实中，人具有双重属性，既是社会人，也是个体人，既具有社会人的属性，也具有个体人的属性。社会人的属性要求教育公平要同等对待每一个人，强调人与人之间在本质上的同一性，即"你是人，我也是人"。个体人的属性则要求教育公平要不同对待不同的人，强调人与人之间的差异性，即"人人生而不同"。基于此，立足于教育学的人学立场，冯建军教授指出，课堂公平就是教师在课堂教学中能够平等对待每个学生，根据学生的个性特征及发展水平，施以适合其发展要求的教学。⑥ 基于此，课堂公平涉及平等性公平、差异性公平以及发展性公平三个层面的内容。其中，平等性公平要求课堂教学要平等分配教育资源、平等对待每个人，不羞辱任何学生，尊重每个学生，给

① 闫兵.布迪厄"场域"视野下之课堂教学公平[J].教育导刊(上半月)，2013(09)：12.
② 汪卫平.课堂公平：教育公平的底层思考[J].教育理论与实践，2011(11)：6.
③ 王升，张燕.教学公平重要性及实施策略[J].中国教育学刊，2009(05)：28.
④ 冯建军.课堂公平的教育学视角[J].教育发展研究，2017(10)：63.
⑤ 项贤明.论教育目的的公平转型[J].华东师范大学学报(教育科学版)，2017(02)：25.
⑥ 冯建军.课堂公平的教育学视角[J].教育发展研究，2017(10)：64.

予学生相同的爱、关怀和赞许;差异性公平则需要不同对待不同的学生,关注学生之间的差异性,为不同的学生提供不同的课程、学习内容、学习方式、学习评价等;发展性公平立足于教育的最终目的,着眼于人的发展,既要实现国家对人的发展的基本要求,也要促进个体个性化发展。

教育是人的教育。从人的双重属性思考课堂教学公平,无疑使完整的"人"回归于教育研究领域,突破了以往研究的局限,有助于课堂教学朝着公平、公正的方向发展。

(三)伦理学视域下的课堂教学公平

教育的目标是关注人的成长与发展,这一目标本身应该是充满道德关怀与伦理指向的。① 在某种程度上,审视课堂教学公平的缺失,无疑可以折射出教师师德的缺失。因此,从伦理学视角思考课堂教学公平具有深刻的现实意义。

蒿楠从伦理学视角出发,指出课堂教学公平就是要基于学生个性差异,指向不同类型和层次的学生个体的成长,实现学生的均衡发展。② 该概念基于学生差异性,从伦理学视角对教师教学行为、教学过程、教学目标的公平性问题进行了分析,指明了课堂教学公平的实现离不开对教师道德伦理的规范与引导。柴楠基于对课堂教学公平与教育公平两者之间关系的思考,指出公平的课堂教学意味着学生具有平等参与课堂的机会和权利,在教学过程中得到平等的对待和同等的重视。③ 按照柴楠的说法,公平表现为对人平等的尊重,课堂教学公平的本质是对人性的价值和人格赋予平等的尊重。因此,在课堂教学过程中,需要尊重来进行伦理规范,以实现课堂教学公平。此外,李西顺指出,关怀是课堂公平的重要维度,关怀型课堂教学公平就是要求教师要以"父母"般慈爱之心规约自己的课堂教学行为,以之为基础,进一步构建学生之间亲如一家的课堂氛围,也就是要构建师生之间的关爱、生生之间的关爱。④ 毋庸置疑的是,从伦理学规范教师教学道德规范,提升教师师德,促进师生之间、生生之间相互尊重,有助于课堂教学公平的实现。

---

① 郅庭瑾.教育管理伦理研究[M].北京:商务印书馆,2008.

② 蒿楠.教学伦理:内涵、关键话题与实践回应[J].思想理论教育,2013(24):15.

③ 柴楠.尊重:课堂教学公平的伦理规范[J].教学与管理,2011(02):5.

④ 李西顺.关怀型课堂公平的三个基本问题[J].上海教育科研,2011(04):9.

（四）其他学科中的课堂教学公平

对课堂教学公平的思考，不同的人有不同的回答。除了社会学、教育学、伦理学等学科对课堂教学公平的内涵进行了界定以外，也有其他学科对课堂教学公平内涵进行了研究。如郝文武教授从教育经济学视角出发，将课堂教学公平看成是课堂教学平等（条件公平）和课堂教学效率（结果公平）二者形成相互促进关系状态的过程（过程公平）；①靳玉乐等人从教育政治学视角出发，认为“课堂公平就是打破课堂中存在的权力机制，消解教师拥有对学生分配的权力、绝对的权威及学生是教师的依附等传统观念。课堂教学层面的公平包括：师生关系的平等、资源分配的公平以及对学生评价的公正性等方面”；②张素芳则认为，课堂教学公平就是指在课堂教学活动中，教师应该充分尊重每个学生所享有的平等的受教育权利和发展机会，尊重学生的人格，不歧视任何学生，平等对待不同个性的学生，并根据每个学生的特点采取适合其个性发展的教学方式，区别对待学生之间的差异，以促进全体学生的全面发展；③等等。

总而言之，课堂教学公平究竟“是什么”，对于这一问题的解答，不同的人有不同的回答。课堂教学公平到底是权力问题，还是效率问题；到底要关注人的社会身份，还是要兼顾学生的个体生命；到底要平等对待学生，还是要差别对待学生……这些问题到目前为止学术界也未曾达到高度统一认识，还需要后期不断进行探索、研究。不过，有一个共同点在于：尽管学科不同，视角不同，但却始终都在以“人”为中心，都以对“‘人’是‘什么’”这一问题的认识为出发点，回答了课堂教学过程中教师要怎么对待“人”的问题。

三、新教育公平理论

教育公平既是人们对教育的一种理想追求和美好期待，也是教育发展过程中必须要妥善处理的一个现实问题。因此，教育公平是一个时代命题，具有鲜明的时代特征，“变”是教育公平的常态，不同的时期具有不同的实质内涵和衡量标准。在对教育公平已有文献研究进行分析梳理的基础上，江苏高

---

① 郝文武．课程教学公平的本质特征和量化测评[J]．教育研究与实验，2011(05)：13.

② 郭晓娜，靳玉乐．反思教学与课堂公平[J]．现代中小学教育，2007(02)：14.

③ 张素芳．对课堂教学公平的理论审视及现实考察[D]．西安：陕西师范大学，2010：13.

校哲学社会科学优秀创新团队——“新教育公平的理论建构与实践探索”创新团队发现，当前教育公平理论众说纷纭却难有突破，教育公平改革如火如荼却成效有限，主要存在三方面问题：一是起点和机会公平的宏观政策研究多，过程和质量公平的微观研究少；二是外部社会保障条件公平的研究多，学校教育内涵公平的研究少；三是理论研究多，学校变革研究少。基于此，该团队依托南京师范大学国家重点学科教育学原理和江苏高校哲学社会科学重点研究基地南京师范大学教育社会学研究中心，反思了现有教育公平理论，提出了“新教育公平”理念，探索了新教育公平的社会支持策略，拓展了新教育公平视野下的学校变革路径，为教育公平问题的研究提供了新的视角。

（一）新教育公平的“基点”——回到人

20 世纪 60 年代，教育公平问题成为世界上大部分国家最为普遍关注的教育问题之一，许多国家掀起了教育公平研究热潮，教育公平也成为许多国家教育改革和政策制定所追求的基本理念，到目前为止，教育公平仍是教育研究热点话题。然而，回顾长达半个多世纪的相关研究，无论在理论层面还是在实践层面，我们对教育公平的相关研究始终都未能跳出对教育权利、教育资源、教育机会、教育制度的研究范畴。大部分国家及各世界性组织都在致力于保障每个个体的受教育权利不被侵犯、保证每个个体都能享有相同的教育资源、均等的受教育机会、公正的教育制度，始终围绕着解决“人人都能有学上”的问题而进行，关注的是教育公平的外部因素，如师资配置、经费投入、学校规模、校园设施等。无须置疑的是，从资源分配、制度设计等层面来解决教育公平问题是必不可少的路径选择，但是，在经济社会高度发达、人民民主意识不断增强、公平公正理念不断深入人心的今天，仅仅依赖持续不断的物质资源投入将难以实现真正意义上的教育公平，难以满足人民群众对教育的众多需求。因此，“要重新反思教育公平的内涵，教育公平应该是人发展的公平，是可以激发个人能力，并使其能表达自己的感受，积极参与和决策的教育公平”①。

基于对我国教育公平模式变迁的思考，结合教育的特殊性，新教育公平研究团队重新审视了教育公平的定位，将“人”置于教育公平的核心，关注的

① 程天君.新教育公平引论——基于我国教育公平模式变迁的思考[J].教育发展研究，2017(02):8.

是每个人而不是少数人，强调的是人的全面协调发展而不是单向病态发展。① 因此，“回到人”是新教育公平理念的起点。

新教育公平将“人”置于核心地位，并非是为了“标”新。一方面是因为“本质上，教育是一种精神性活动，这就决定了教育公平具有‘属人性’”②。将“人”拉回教育公平研究视野之中，从教育本体出发研究教育公平，实际上是教育公平“属人性”的回归。另一方面，是基于“教育领域从早期的权利平等到过程平等、结果平等”③这一发展脉络，当以资源配置为核心的外延式教育公平得以实现以后，教育公平必然要回到以人为核心的内涵式发展道路上来。新教育公平呼唤教育回到人，以人的发展为中心，实际上是教育发展到一定阶段的必然选择。

教育是人的教育。与过去相比，当代教育早已超越了特权教育，教育并非为某个阶级或某类群体所特有，而是人人所享有。新教育公平从人出发，在回答人与教育的关系中，提出“只有适合每一个人的教育才是公平的教育”④。这里的“人”并非抽象的，而是具体的，指向一个个具体的受教育个体。因此，考虑到每个个体的独特性，新教育公平倡导为每一个人提供适合其个性发展的教育，充分考虑的是公平对个体的“适切性”问题。

（二）新教育公平的“内核”——追求实质性公平

公平的实现并非在形式上给予所有人相同的对待，道格拉斯·雷(Douglas Rae)在其著作《平等》一书中曾举过一个例子，可用来说明形式性平等并非是完全平等的。

> 假设某个社会，武士阶层的成员享有巨大的威望，但履行他们的道德职责要求有巨大的体力。武士过去只从富家子弟中征募；平等主义改革者们后来改变了征募原则，按照新的原则，武士面向社会的所有阶层，通过平等竞争而招募。然而这样做的后果却是，富有家庭实际上依然提供全部的武士，因为其他民众由于贫穷而如此

---

① 程天君.新教育公平引论——基于我国教育公平模式变迁的思考[J].教育发展研究，2017(02):8.

② 王建华.新教育公平的旨趣[J].教育发展研究，2017(02):14.

③ 王建华.新教育公平的旨趣[J].教育发展研究，2017(02):15.

④ 王建华.新教育公平的旨趣[J].教育发展研究，2017(02):15.

营养不良，以至于他们的体力与那些营养良好的富家子弟相比，总是低下的。①

这个例子充分说明，即使依据同样的标准，在制度上保证为每个人成为武士提供相同的机会；但实质上，富家子弟和穷人家的孩子所生长的环境不同，身体素质是不同的，因此，成为武士的可能性是不同的。所以说，公平的实现绝对不是只有一个抽象的公平原则就可以了，也并非是只有一个公平的操作规则就可以的。具体到教育领域来看，教育公平并非是单纯地提供教育机会就可以的，让每个孩子都能“有学上”只能保障人人受教育的基本权利不被侵犯，而不能保证人人都能享有公平的教育，也不能保证人人都能“上好学”，教育公平也不是要提供规模一样、设备一致的学校。这些外在形式的教育公平并不是真正意义上的公平，反而会造成新的教育不公平问题的产生。

教育的对象是人，是一个个具体的人。面对具体的人，从形式上抽象地谈论教育公平既不能从根本上实现公平的教育，也没有实质的意义。因此，从人出发，新教育公平致力于实质性的教育公平，要求教育要以人的发展为中心，要适合每一个不同的人，即关注个体间的差异以及基于个体差异的教育公平。②

追求实质性的教育公平是新教育公平的深刻内涵。③ 在理论界，实质性教育公平往往有两种不同的观点。一种观点是“个体差异说”，即以个体的差异性为前提，强调真正的教育公平在于让不同的人接受不同的教育；另一种观点是“共同人性说”，即以共同的人性为前提，“你是人，我也是人”，强调教育公平就是为所有人提供最好的教育。两种观点看似对立，但实际上，两种观点都是以人的属性为出发点，而作为一个完整的受教育者，差异性与共同性都为其所特有。因此，在将两种看似对立但并非不可调和的观点进行整合之后，新教育公平指出，在实践中，实质性教育公平需要兼顾个体的差异和共同的人性。④ 既要同等对待相同的学生，也要不同对待不同的

---

① Douglas Rae. Equalities [M]. Cambridge: Harvard University Press, 1981: 65 - 66.

② 王建华. 新教育公平的旨趣[J]. 教育发展研究，2017(02)：14.

③ 崔梅，葛敏. 新时代新教育公平论析[J]. 学校党建与思想教育(下)，2018(03)：90.

④ 王建华. 教育公平的两种概念[J]. 教育研究与实验，2016(06)：27.

学生。因此，实质性教育公平的目的并非功利主义所强调的追求“最大多数人的最大幸福”，而是追求所有人的最大幸福，使每个人都能得其应得，享有优质的教育。

按照以往教育公平研究惯例，教育公平可分为外部教育公平与内部教育公平。外部教育公平往往依赖国家或政府来实现，而内部教育公平则主要指向教育内部，属于教育内部事宜，是就教育而谈公平，蕴含整个教育过程。事实上，外部教育公平不可能直接介入“人”的问题，因为“教育外部的公平虽然也称之为教育公平，但属于社会公平的范畴，需要通过社会支持系统的配合才能实现。教育内部的公平才是真正的教育公平，属于教育本体的范畴，通过学校自身的变革就可以实现”①。因此，实质性的教育公平体现在教育内部公平上。基于此，新教育公平指出，实质性的教育公平属于教育内部的公平，是处理人与教育的关系的原则，②指向教育的全过程。③

（三）新教育公平的“着力点”——构建公平而有质量的教育

改革开放以后，1985 年《中共中央关于教育体制改革的决定》开始启动九年义务教育工程，保证各个地区的每个适龄儿童都能“有学上”，以确保每个人都享有同等的受教育权利、受教育机会。这是我国最早颁发的促进教育公平的文件，但当时国家的工作重心在经济建设上，一切以经济建设为中心。因此，在实践中，教育必须服务于经济发展，教育公平必须让位于教育效率，一切以提升教育质量为核心，教育的主要发展任务在于为经济建设培养更多优秀人才，同时兼顾教育公平。随后，受联合国教科文组织等影响力较强的世界性组织的影响，为实现全民教育，解决“上学难”问题，我国开始大力发展教育公平，着力解决人民群众日益增加的教育需求与有效教育供给不足之间的矛盾，教育质量让位于教育公平。无论在基础教育领域，还是高等教育领域，教育机会显著增多。截至目前，“上学难”的问题基本得到解决，基本上实现了“人人有学上”，初级阶段教育公平得以实现。但一个关键问题是，在追求教育公平的进程中，教育质量却在显著下滑，新的教育公平问题如浪潮般不断涌现。

从我国教育公平发展的阶段性特征来看，在很长一段时间里，教育公平

---

① 王建华.新教育公平的旨趣[J].教育发展研究，2017(02)：14.

② 王建华.新教育公平的旨趣[J].教育发展研究，2017(02)：14.

③ 崔梅，葛敏.新时代新教育公平论析[J].学校党建与思想教育(下)，2018(03)：90.

与教育质量一直被视为一对矛盾，处于对立状态。但伴随着大众教育的普及，人们的教育质量意识逐步增强，人人都渴望享有优质的教育，教育公平与教育质量两者之间并非完全存在逻辑上的冲突，并非“有你没我，有我没你”的绝对对立。恰恰相反，在实践中，让每个人都能接受高质量的教育、公平地享有优质教育、发展成为最好的自己，才是教育的本原所在。2015 年，联合国教科文组织举行的第 38 次教科文组织大会发布了《教育 2030 行动框架》，该框架提出，要“确保包容、公平的优质教育，促进全民享有终身学习机会”。以此为愿景，解决教育公平问题，提升教育质量势在必为。

反思我国当前教育公平现状，最大的问题并非教育机会不足、教育规模不大、教育设施不全等，而是优质教育资源不足、分配不均，人民群众对高质量的教育需求得不到满足，对教育的获得感、满意度不高。如“择校热”这一老大难问题，实际上是人们对优质教育需求进一步扩大的问题，并非属于教育机会匮乏的问题，归根到底其实属于优质教育资源分配不均的问题。基于此，面对我国教育机会均等基本实现以后仍然存在的教育不公平问题，新教育公平提出，为了避免“没有优异的公平”和“没有质量的机会”，教育公平必须要致力于构建公平而有质量的教育，即通过“高质量的教育”来实现有质量的教育公平。

教育公平的根本宗旨在于促进每个学生的优化发展，归根到底是要落实到每个个体身上。构建公平而有质量的教育标志着教育公平进入到了一个新的阶段，“有质量的教育公平处于教育公平发展的高级阶段，是对教育的新诉求。有质量的教育公平以推进教育公平为基本价值取向，追求高质量的教育，重在提高学生学业成就”①。新教育公平就是要以人为中心，从教育本体出发，致力于追求实质性公平，为所有人提供高质量的教育，让每一个人都能得到适合自己的优质教育。

新教育公平理论回归教育的“属人性”，强调人的发展是教育的出发点和落脚点，呼吁关注学校教育公平，关注教育内部公平，发展实质性教育公平，将真正的公平落实到教育中的每一个人身上。新教育公平所强调的“人”并非抽象的，而是具体的，具体到教育中的每个人。而教学是教育最基本的活动，面对的就是一个个“具体的人”，因此，在逻辑关系上，新教育公平指向的

① 陈如平. 走向有质量的教育公平[N]. 中国教育报，2017 - 08 - 18.

“人”与课堂教学指向的“人”两者是统一的。所以,新教育公平的实现离不开课堂教学公平的推动,课堂教学公平是实现新教育公平的基本“场域”。关注课堂教学公平是实现新教育公平的内在需要,也是“本质”使然。本研究就是在此前提下而得以展开的,以新教育公平理念为指导,对课堂教学公平及其指标体系进行探究,以期实现高质量的课堂教学公平。

第二章
新教育公平视野下的课堂教学公平

“一切为了孩子，为了一切孩子，为了孩子一切”，新教育公平以人为起点，真正的魅力在于因势利导，让每个人都能得到适合自己的发展。

课堂教学公平既反映教育公平，也左右教育公平。作为最基本的教育活动，课堂教学公平与否直接影响教育公平与否。新教育公平强调教育“回到人”，让每个孩子都能得到高质量的教育。从新教育公平视野出发，课堂教学公平必须要回答好“如何对待具体的人”的问题，解决好“如何让每个孩子都能得到优质教育”的问题。

人是共同的人性和独特个性的统一。人的双重性决定了课堂教学公平内涵的双重性。基于共同的人性——人人生而平等，课堂教学要平等对待每个学生，保证人人享有平等的课堂权利、人人平等地享有课堂教学资源、人人享有平等的课堂学习身份、人人享有平等的学习机会以及反对各种形式的教学特权。而基于人的个体性——人人发展有异，课堂教学要以不同的方式对待不同的学生，提供不同的、适切的教学，因材施教，对学生进行多元评价，使每个学生都能得到适合自己的发展。但作为一个完整的人，人的共同性与个体性是不可分割的，所以，平等对待与差别对待互为条件。除此之外，现实中的人是极其复杂的，但为了追求公平，基础教育阶段的课堂教学往往“取中间，去两边”，以牺牲少数学生的利益为前提，满足大多数学生的发展。按照罗尔斯的说法，社会基本善的分配应向“不利者”倾斜，具体到课堂教学中来看，就是对弱势学生群体进行补偿对待，但这种补偿对待也不以牺牲其他人的利益为前提。真正公平的教育不仅要对弱势学生群体进行补偿，而且要为有天赋的优秀学生创造更多的发展机会。

因此，如图 2.1 所示，从新教育公平视野出发，所谓课堂教学公平就是在课堂教学过程中，教师要以平等对待为底线，平等尊重每个学生，根据学生的特征及其发展水平，以不同的方式对待不同的学生，并对弱势群体进行适当的补偿对待，但不以损害优秀学生群体的发展为代价。让平凡者不平凡，让优秀者更优秀，使每个学生都能得其应得，发展成为最好的自己。

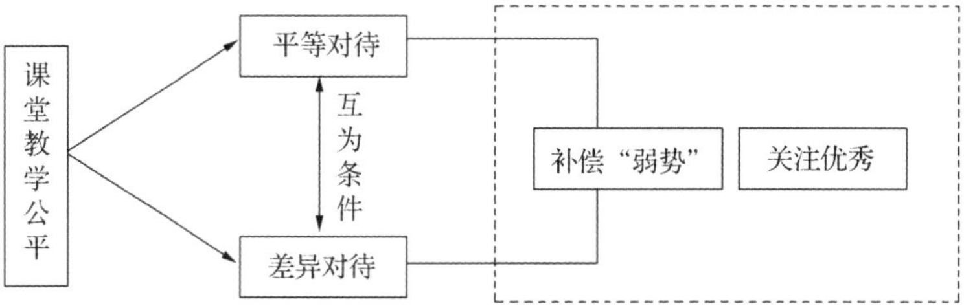

图 2.1　课堂教学公平示意图

一、基于社会平等身份的课堂教学公平

古人云：“不患寡而患不均。”早在公元前 594 年，梭伦成为雅典城邦首席执政官之后，为解决贫富差距问题，提出“得一个人应得”，从实践层面践行了“公正”之后，“公正、正义、公平”等话题便引起了古希腊思想家的诸多关注与思考。随后，古希腊“三杰”从伦理道德层面上解读了公正，苏格拉底率先指出“正义即善”，将公正视为一种美德；柏拉图继承并沿袭了这一理念，指出“正义就是有自己的东西干自己的事”①，即三个等级的社会成员各安其位，各守其职，各负其责；亚里士多德在遵循前人思想的基础上指出，公正涉及人与人之间的利益关系，往往寓于某种平等之中，是某些事物的平等观念②。自此，平等一直被视为评判公正的重要尺度、衡量公平的重要指标。在中世纪，西欧神学家以基督教思想为基础，提出了包括上帝面前人人平等和原罪说的平等思想在内的两种公正理论。17、18 世纪的思想家从人的自然状态入手，论证了公正。在霍布斯（Hobbes）看来，人的自然状态是战争状态，而人们在这种不幸的生活中是平等的，享有平等的保存生命的权利；洛克（Locke）指出人的自然状态是一种自由的状态，也是一种平等的状态；卢梭（Rousseau）提出“人与人之间最初是平等的”。尽管各位思想家所提出的自然状态各不相同，但都将尊重个人、保障人人平等和自由作为正义社会的标

① 柏拉图. 理想国[M]. 郭文斌，译. 北京：商务印书馆，2015：158.
② 冯建军. 教育公正需要什么样的教育平等[J]. 教育研究，2008(09)：34.

准。① 后来,以边沁(Bentham)为代表的功利主义者也指出社会公正在于追求最大多数人的最大幸福,而最大多数人的最大幸福则在于人人平等地分享利益;同时,自由平等主义者将平等视为正义的灵魂,其主要代表人物罗尔斯在其著作《正义论》中也写道,“正义就是公平,即每个人在一定的社会基本结构中都有平等的公民权和各种自由权及利益分配的选择权”②。因此,沿着西方公正理念,自梭伦改革开始,到古希腊“三杰”的讨论,再到中世纪基督教的发展,然后经由霍布斯、洛克以及卢梭等人的启蒙,汇合为近代自由主义体系。通过梳理各个历史时期有关公正理论的大致演绎脉络,我们可以发现,谈到公平问题、正义问题往往必然涉及平等问题。尽管二者不尽相同——公平不等于平等,平等亦不等于公平,但在很大程度上,平等与否决定着公平与否,离开平等谈公平无异于离开树木谈森林,没有树木怎会有森林呢?同理,课堂教学公平也离不开课堂教学平等。课堂教学平等是课堂教学公平的底线,是促进学生发展的内部动力。

那么,何谓“平等”呢?平等的英语是“equity”,即均等、等同、均一。按照萨托利(Sartori)的观点,“平等表达了相同性的概念……两个或更多的人或客体,只要在某些方面处于同样的、相同的或相似的状态,那就可以说他们是平等的”③。也就是说,平等就是一种相等的、对等的、同等的、无差别的状态或结果。按照这种理解,平等的前提必然是两个或多个完全相同的东西,因为如果条件不同,结果必然不同。那么,基于人人生而平等的共性,我们说教育公平中的教育平等主要表现在人人受到平等的对待,享有平等的教育权利、教育机会以及公共教育资源等。同样的道理,课堂教学公平作为教育过程公平的微观组成部分,每个学生都是平等的主体,不存在好坏之分、优劣之分,这就意味着在具体课堂教学过程中,无论家庭贫富、容貌美丑、成绩好坏、懂事与否、听话与否,每个学生都必须受到平等对待,受到同等尊重。这主要体现在人人享有平等的课堂权利、人人平等地享有课堂教学资源、人人享有平等的课堂学习身份、人人享有平等的学习机会以及反对各种形式的教学特权五个方面。

---

① 冯建军.教育公正——政治哲学的视角[M].福州:福建教育出版社,2008:67.

② 约翰·罗尔斯.正义论[M].何怀宏,何包钢,廖申白,译.北京:中国社会科学出版社,2001:62.

③ 乔·萨托利.民主新论[M].冯克利,阎克文,译.上海:上海人民出版社,2009:340.

（一）人人享有平等的课堂权利

按照米勒（Miller）的说法，依据平等指向的对象不同，可以将平等分为利益的平等分配和地位的平等对待两种类型，其中，利益的平等分配往往指向权利的平等分配。[1] 1948年联合国通过的《世界人权宣言》指出："人人具有受教育的权利。"受教育是人的一项基本权利。随后，1976年《经济、社会、文化权利国际公约》、1990年《儿童权利公约》等一些国际普遍认可的人权公约也明确将"人人平等地享有受教育权利"作为基本的人权而加以确定。纵览当代世界主要发达国家及发展中国家相关教育法律，也可以发现"人人具有平等的受教育权利"已得到了世界各国教育法的明确规定。所谓"人人享有平等的受教育权利"，不仅是说人人都享有接受教育的机会，即人人都能"有学上"，而且也是说人人都能够平等地接受教育，即人人都能"上好学"。

课堂教学作为最基本的教育实践活动，追求课堂教学公平是人人都能"上好学"的基本保证，而"公正就是尊重任何人的合法性权利"[2]，因此，保证人人都有平等的课堂权利是课堂教学公平的基础。一个显而易见的道理是，在课堂教学过程中，如果人人享有不对等的课堂权利，课堂权利被少数学生所垄断，或者其他学生的课堂权利遭到侵犯或禁止，那么，这样的课堂教学有公平可言吗？因此，人人享有平等的课堂权利是课堂教学公平的应有之义，在当代课堂教学过程中，必须赋予每个学生平等的课堂权利，禁止任何带有偏见的教学排斥。

（二）人人平等地享有课堂教学资源

课堂是受教育者受教育的主要场所，也是教育者实施教育的主要场所。课堂教学是教育者与受教育者在课堂上发生的一种双向互动活动，而联结这种双向互动活动的桥梁则是课堂资源。所谓课堂资源，既包括课堂教学过程中可供教师利用的教学资源，也包括可供学生利用的学习资源。从性质上来看，课堂资源具有明显的公共性、共享性和开放性，区别于个人或团体所拥有的教育资源；从作用上来看，课堂资源是为了满足所有学生的共同发展。可以说，课堂资源的利用程度直接影响课堂教学质量。

由于课堂中所有的学生都是平等的，课堂教学公平要求保证人人都能平等地享有课堂资源。从课堂教学过程中存在的主要资源要素来看，人人平等

---

① 米勒.社会正义原则[M].应奇，译.南京：江苏人民出版社，2001：259.

② 冯建军.教育公正——政治哲学的视角[M].福州：福建教育出版社，2008.

地享有课堂教学资源主要表现在空间资源、时间资源、教辅用具等方面。简单地来说,课堂教学空间资源的合理分配是指教师要充分考虑学生的身高、视力等因素,以多样化的形式编排座位,使学生所处的位置有利于学生的成长。理想状态下,不存在哪些位置比另一些位置更有利于学生发展的情况①,也不允许存在"优生扎堆,差生一伙"的现象。课堂教学时间资源的合理分配主要表现为:在课堂教学过程中,教师要平等分配教学时间,保证每个学生在课堂教学过程中都能受到关注与重视。教辅用具的合理分配主要包括两方面内容。一方面,要保证课堂中的每个学生都能平等地得到适合自己发展的课程资源、学习资源,不存在"厚此薄彼"的现象。比如,我们有时会看到,在课堂中大多数人都有学习资料,唯独个别同学两人或多人共享一份,甚至有的学生压根没有。显然,不管出于什么原因,这些都有违人人平等的原则,都会破坏教学公平。另一方面,教师所采用或借助的教学仪器、教学设备、板书设计等必须要平等地照顾到每个学生,保证每个学生都能接触到这些教学辅助用具。

(三)人人享有平等的课堂学习身份

课堂教学是教与学的集中统一,它既是教育者施教的过程,也是受教育者学习的过程。因此,课堂教学过程中的人则主要指教师和学生两大主体。立足于人的共同性,人与人之间是完全平等的,这种平等不受性别、种族、年龄、出生环境、社会地位、国籍、身份地位的影响。因此,从性质上来看,不论是受教育者,还是教育者,课堂中的所有人都是完全、绝对平等的。按照马克思(Marx)的说法:"平等,一向指社会的平等,社会地位的平等。"②这就决定了在课堂教学过程中,人与人之间在地位上是平等的,而这种地位上的平等要求我们必须承认并赋予课堂中的每个人平等的学习身份。所谓人人享有平等的课堂学习身份,既指向学生与学生之间的平等,也就是生生平等,也指向教师与学生之间的平等,也就是师生平等。

生生平等是指学生与学生之间在学习过程中是一律平等的,除了平等地遵守课堂教学规则、学习纪律、教学要求,不因家庭环境、学习成绩、长相美丑而受到不平等对待、歧视、羞辱以外,学生与学生之间要相互尊重、相互帮助、

① 董小平.课堂公平:蕴涵、缺失与建构[J].辽宁教育研究,2006(03):9.

② 华东师范大学《列宁教育文集》编辑组.列宁教育文集(上卷)[M].北京:人民教育出版社,1984:304.

共同学习。师生平等是指教师与学生在人格上的平等,师生之间要互相尊重、共同进步、教学相长。

其实,无论是生生平等,还是师生平等,其本质都在于平等待人。按照冯建军教授的说法,区别于以资源分配为核心的分配正义,平等对待每个人则是一种承认正义①,而承认正义的核心范畴则在于尊重或尊敬②。因此,在课堂教学过程中,如果学生得不到应有的尊重,那么课堂教学就是不公正的。同样,如果教师得不到应有的尊重,那么课堂教学也就无公平可言了。

(四)人人享有平等的学习机会

教育机会在教育公平中始终扮演着重要角色,直接影响或直接作用于教育公平,是实现教育公平的必要条件。在日常用语中,"机会"一词,一是指做某事的关键时刻或关键时机,如"机不可失,失不再来";二是指做某事的可能性,如"不要失去机会"。虽然有机会不一定会有圆满的结果,但没有机会肯定不会有任何结果。从已有教育公平研究来看,学术界对教育机会的认知往往更偏向于后者,即个体受教育的可能性,不仅指向人人都能"有学上",而且还包括人人都能"上好学"。通常情况下,人们习惯于将教育公平划分为起点公平、过程公平、结果公平三个阶段,与之对应的是,"有学上"体现在教育起点公平中,"上好学"则体现在教育过程公平与教育结果公平中。因此,课堂教学公平作为教育过程公平的重要组成部分,理应要使得每个个体都能受到关注,都能拥有平等的课堂学习机会。

就课堂教学而言,保证人人享有平等的学习机会是促进所有学生发展的关键,也是课堂教学公平的体现。所谓平等的课堂学习机会,是指在课堂教学过程中,教师要给予学生平等的提问机会、发言机会、师生互动机会、交流机会、获得评价的机会、练习的机会。比较普遍的认识是,课堂是一个整体,构成整体的部分是每一个学生个体。如果教师在课堂教学过程中将课堂学习机会给予个别学生,那么,不仅损害了其他"部分"的发展,而且也会影响整体的发展。

(五)反对各种形式的教学特权

课堂教学公平的实现需要反对形形色色的教学特权。特权是崇尚身份

---

① 冯建军.后均衡化时代的教育正义:从关注"分配"到关注"承认"[J].教育研究,2016(04):41-47.

② 阿克塞尔·霍耐特.承认与正义——多元正义理论论纲[J].学海,2009(03):79.

差别和阶级不平等的传统社会的产物。① 就其本质来说，特权崇尚特殊待遇，是社会不平等的一种表征。在边沁看来，“每个人只能是一个人，而不是多个人，所以，人都是一样的，任何人都没有特权做任何事”。然而，我国在两千多年的封建专制统治下，人们的特权思想根深蒂固。即使进入现代社会以后，我国大多数人民依旧未能完全摆脱特权思想的束缚。就教育领域来看，形形色色的教育特权试图垄断优质公共教育资源，教学腐败事件也时有发生。这些不仅有违教育公平，而且也破坏了教育生态。

就微观课堂教学层面来看，在经济资本、文化资本、政治权力的作用下，人们往往通过“钱权交易”“以权谋私”等手段，使得课堂教学资源被少数人所垄断。比较常见的是，课堂教学过程中难以做到“一视同仁”，比如，同样违反课堂教学纪律，教师依据不同的标准对不同的学生采取不同的行为，学习成绩差的学生可能会受到严厉批评，学习成绩良好的学生可能会受到略微责备，家庭经济资本雄厚的学生可能会免受责罚，家庭资本相对薄弱的学生可能会受到指责，等等，类似现象的存在都严重破坏了课堂教学的健康发展，制约了课堂教学公平的实现。因此，要实现真正意义上的课堂教学公平，就必须坚决抵制和消除课堂教学特权，平等对待每一个学生，让课堂教学服务于每个个体的成长和发展。

二、基于个体发展差异的课堂教学公平

尽管我们常说“人人生而平等”，但这并不能抹杀“人人发展有异”的客观事实。“人人生而平等”只是指人自出生之日起，在人格、尊严方面是平等的，理想状态下，这些都不受金钱、权势、地位的影响，但这并不意味着人与人都是一模一样的。古今中外，任何人都无法否认人在出生环境、外貌、智力、能力、思维方式等诸多方面存在着巨大的差异。马克思也曾指出，因为每个人都像其他人一样只是劳动者，所以不存在任何阶级差别。但是，劳动者的不同等的个人天赋、不同等的工作能力是天然特权。② 心理学相关研究也表明，如同世界上不存在两片完全相同的树叶一样，世界上也绝对不会存在两

① 石中英．教育公平的主要内涵与社会意义[J]．中国教育学刊，2008(03)：1－6．

② 中共中央马克思恩格斯列宁斯大林著作编译局．马克思恩格斯选集(第3卷)[M]．北京：人民出版社，1972：146．

个完全一样的人，即使是同卵双生子，两者也绝对不可能是完全相同的。因此，差异性是人与生俱来的，是人不可磨灭的根本特性之一。差异性公平理应是公平正义的应有之义，忽视学生的差异性而讨论公平问题只是纸上谈兵。

然而，就我国当前义务教育发展来看，作为教育公平的一项重要原则，差异性公平往往被教师、家长所忽略，甚至遭到反对。尤其随着人们民主、平等意识的增强，差别对待往往被视为是违反教育公平、公正的，因为差别对待与平等对待是“背道而驰”的，所以遭到了强烈的批判，取消重点校、重点班、实验班就是最好的证明。诚然，公平需要平等，离开了平等对待，公平只会是空中楼阁。将平等等同于公平，完全是基于人性相同情况而考虑的。具体到课堂教学中则表现为，人是课堂教学的主体，“你”是人，“我”也是人，每个人在尊严、人格方面是平等的，必须受到同等对待，所以，课堂教学要一视同仁，赋予课堂中的每个人相同的、无差别的身份、权利、机会，平等对待每个人，坚决杜绝歧视、羞辱、排斥学生的现象，坚决不允许任何教学特权的存在。但教学的对象是一个个具有鲜活生命的个体。除了具有共同的人性以外，往往还具有独特的个性；除了在尊严、人格上是平等的以外，在性格、能力、兴趣等诸多方面还存在很大的差异。试想，在课堂教学过程中，当我们忽略学生的差异性，完全、绝对地同等对待每个学生时，是不是又会造成新的不公平呢？因此，同等情况要同等对待，但是不同的情况给予相同的对待也是不公平的，所以，不同的情况必须要给予不同的对待，这才是公平的。

杜威曾说过：“只要千篇一律地对待儿童，就不可能建立一个真正科学的教育学。”面对千差万别的学生，如果实施完全无差别的教育，那不仅对所有的学生是不公平的，而且也会丧失教育本真。所以，对相同情况需要同等对待，对不同情况则需要差别对待。前者反映的是平等性公平，后者反映的是差异性公平。差异性公平并非是一种无秩序、无原则的对待，而是基于学生学习兴趣、能力、风格的区别对待。在这里，差异性公平不同于弱势补偿原则。从形式上来看，两者虽然都是“区别”对待，但从性质上来看，补偿性原则是对不应有的不平等而进行的补救，依据的是学生家庭和自身社会经济地位。虽然这些也是学生与学生之间存在的一种差异，但这是先天所具有的，是其家庭和阶层所造成的，而不是学生自己在成长过程中造成的，是不以学生个人意志为转移的。所以，差异性公平是以学生自身发展中所存在的差异为前提的,依据的是学生个人所独有的特性,这种特性是完完全全属于学生的,不受任何外在因素的影响。

认识课堂教学公平中的差异性公平,必须重新认识在现实课堂教学中长期存在的“差别对待”现象。比如,在课堂教学过程中,一些教师依据主观判断或是受一些外在因素的影响,有意或无意地“偏向”自己喜欢的学生,对其抱有较高的期望,提供较多的机会,等等。诚然,这种差别对待确实是不同对待的一种表现,但正如雅斯贝尔斯(Jaspers)所说:“所谓教育,不过是人对人的主体间灵肉交流活动(尤其是老一代对年轻一代),包括知识内容的传授、生命内涵的领悟、意志行为的规范,并通过文化传递功能,将文化遗产教给年轻一代,使他们自由地生成,并启迪其自由天性。”①然而,上述所说的那种差别对待最终并不会使所有学生的自由天性都得到发展,它甚至抑制了众多学生的个性发展。所以,从本质上来看,这种差别对待背离了真正意义上的教育。而我们所说的差异性公平是以个体所具有的个性、能力、兴趣、学习风格和学习状况的差异为前提,尊重学生的个性特点和学习需求②,提供选择多样、适切的教学,进行多元评价,使每个学生都能得其应得,让“课堂教学焕发出生命的活力”。具体来看,差异性课堂教学公平主要体现在以下三个方面。

（一）有选择的教学——满足需要

“人只有通过教育才能成为人。”③教育是人类社会所特有的,是人生存、生活和发展的需要,不仅要满足人性发展的共同需要,而且要满足个体差异性发展的需要。满足个体差异性的需要就需要有差异的教育。捷克伟大的教育家、班级授课制的倡导者夸美纽斯(Comenius)在提出“把一切知识教给一切人类”之后又指出,“知识如果不合于这个或那个学生的心灵,它就是不合适的。因为人心的不同和植物或动物之各不相同一样大:这个必须这样去对付,那个又必须那样去对付,同样的方法是不能够用在所有人身上的”④。所以,“一个模子不适合所有的学生”⑤。人需要有差异的教育,也需要有差异的教学,这种差异不仅表现在方法上,而且表现在内容上、方式上以及过程中。

---

① 雅斯贝尔斯.什么是教育[M].邹进,译.北京:生活·读书·新知三联书店,1991:137.

② 冯建军.课堂公平的教育学视角[J].教育发展研究,2017(10):63-69.

③ 康德.论教育学[M].赵鹏,等,译.上海:上海人民出版社,2005:5.

④ 夸美纽斯.大教学论[M].傅任敢,译.北京:教育科学出版社,1999:137.

⑤ 夏正江.一个模子不适合所有的学生:差异教学的原理与实践[M].上海:华东师范大学出版社,2008:1.

课堂教学是一种双向交往互动活动，既包括教师“教”的活动，又包括学生“学”的活动。作为有差异的个体，每个学生的情况是不同的，学什么、怎么学，都取决于学生自己的选择，①而这种选择往往来源于个人的学习兴趣、学习能力和学习风格，是学生自我需求的一种满足。基于“人人发展有异”的观点，学生的选择是不可能完全相同的。而当课堂教学千篇一律，学生只能被动接收知识，兴趣爱好被遮蔽，其他需求得不到满足时，就会涌现出大量的“陪读生”。差异性公平作为课堂教学公平的重要原则，意味着教育者要“以学定教”，从受教育者的学习基础、能力、兴趣等方面出发，提供丰富的、满足学生需求的、可选择的教学，尽可能为不同的学生提供不同的学习，办有选择的教育，使所有学生都能够“各取所需”。

（二）适切的教学——尊重差异

类似于工业生产模式，在当代课堂教学中，学生处于工业生产流水线之中，教师按照同一个进度，以统一的要求、统一的标准、统一的方式和方法，进行批量生产，塑造统一合格的学生。这种统一的模式是在同等对待所有学生，属于“同质性教育”，看上去是公平公正的，但它忽略了学生的差异性，不利于学生的个性发展，使学生“削足适履”，并不能使每个学生都能“各得其所”，实质上也是不公平的。所以，同一种方式也是不适合所有学生的。公平的课堂教学必须直面学生的差异性，尊重每个学生的差异性，兼顾每个学生的差异性，为每个学生提供适切的教学，促进学生的差异式发展。《论语·先进》中记载，“子路问：‘闻斯行诸？’子曰：‘有父兄在，如之何其闻斯行之？’冉有问：‘闻斯行诸？’子曰：‘闻斯行之！’”这是家喻户晓的“因材施教”典故，一直被后人所称颂，其原因就在于因材施教能够使所有的学生都能受到适合自身发展的教育。

从个体发展的意义来看，差异性课堂教学公平就是以尊重学生的差异性为前提，结合人的自然发展规律，提供适切的教学，发掘学生的潜能，使每个学生的“一切天赋都能得到充分的发挥”，让每个孩子都能成功。一般来看，“适切”既应该是适合的，也应该是贴切的，言外之意是，这种教学既是适合每个学生的，也是能够被每个学生所接受的，但这并不意味着适切教学就是个别教学。个别教学是一种一对一的教学，不适合班级授课制。作为一种集体

① 冯建军.课堂公平的教育学视角[J].教育发展研究，2017(10)：63－69.

教学，班级授课制有其存在的必要性与必然性，人为地取消班级授课制只会走向一种极端的教育。因此，在当代课堂教学中，教师要“具体问题具体分析”，根据每一类学生的特点或学生的学习兴趣、学习能力、学习风格等进行分层教学、分类指导，比如对学生实行分组教学、个别化教学以及适当的弹性教学等。只有对学生进行针对性的引导时，学生的差异性发展、个性发展才能实现，这也是课堂教学公平的内在表现。需要说明的是，个别化教学完全区别于个别教学，个别化教学是以开放的姿态、灵活的手段，根据不同个体的不同学习需要而把个别的、小组的、集体的教学有机地结合起来，以使每个学生得到最充分的发展。①

（三）多元的评价——量体裁衣

评价贯穿于整个课堂教学，是课堂教学必不可少的环节。课堂教学评价不仅是对学生学习效果、教师教学效果的一种检验，而且还具有调节功能和动机（动力）功能。② 在当代课堂教学过程中，普遍常见的是，课堂教学评价以教师为中心，评价的标准单一，评价的形式简单，概言之就是在用同一把尺子衡量不同的学生。与用同一种模式“加工”所有学生一样，用同一把尺子衡量不同学生看似公平，实际上也是不公平的。面对个体客观存在的差异性，公平的课堂教学评价必须“量体裁衣”，用“不同”的尺子度量不同的人。这就意味着，公平的课堂教学评价是从实际出发，依据多元的评价标准，打破以往单一的评价方式、形式，对不同的学生进行不同的评价。既要注重课堂评价的广度，也要注重评价的效度；既要使每个学生都能得到评价的机会，也要使每个学生都能得到符合自身发展需求的评价，帮助学生更好地发展；既要注重学生的全面发展，也要关注学生的个性发展；依据学生个性，既要给予学生直接的肯定性评价，也要给予学生间接的鼓励性评价，使评价能够更好地服务于教学，促进不同学生的发展。

三、建立“平等＋差异”的完整课堂教学公平样态

教育是“人的教育”，是关乎“人”的事业。人是教育的主体，人的发展是教育的永恒主题。因为“你”是人，“我”也是人，而且大家最初都还是一样的

① 冯建军. 课堂公平的教育学视角[J]. 教育发展研究，2017(10)：63－69.

② 王策三. 教学论稿[M]. 北京：人民教育出版社，1985.

人，所以，从本质上来说，“你”与“我”之间是平等的，而这种平等是对人性、尊严以及人的价值的基本肯定。因此，平等对待每个人是教育的应有之义。课堂教学作为微观的教育实践活动，面向全体学生，理应平等对待每个人。但这并不意味着平等对待每个人是课堂教学的全部价值取向。平等对待蕴含了同等对待，而人与人之间除了是平等的以外，人与人之间还是有差异的，完全、绝对的同等对待将人“一视同仁”，彻底抹除了人的差异性，这不仅背离了公平，也违背了教育本质。所以，课堂教学公平也需要不同对待不同的人。

对于这一问题更清晰的认知可以来源于罗尔斯正义的两个原则。如图2.2所示，该图是基于垂直线和水平线在斜率为1的线上直角相交而成的，是罗尔斯依据“公平的正义”理论而设定的“无差别曲线图”。在该图中，$X1$表示在社会基本结构中最有利的人的获益，$X2$表示最少受惠者的获益，当$X1$提高时，$X2$也有所提高，而且两者提高的效率基本一致，这就是公平正义的，这种无差别曲线代表的是同等正义的分配，以人在人格、尊严上的平等为基础，是罗尔斯“平等自由原则”的体现，也是我们所提倡的完全同等对待的体现。但现实中$X1$的状况总是较好，所以，罗尔斯又将社会各阶层中的收入分配考虑其中，提出了差别原则，如图2.3和图2.4所示，将人简单地划分为三类，以“链式联系”和“紧密啮合”两种方式解读了差别原则。其中，$X1$代表最有利者，$X3$代表最不利者，$X2$代表居间者。$X1$所获得的利益是沿着水平轴画出的，$X2$与$X3$所获得的利益是沿着垂直轴画出的。在图2.3中选择$X3$所在的最高点，也就是a点处，在a点左侧，$X3$曲线向右升高的任何一点上，$X2$也在上升；而在a点右侧之后，$X2$、$X3$的发展可能会以上升（下降$X2'$）或下降的方式发展，这一过程被称为“链式联系”。在“链式联系”中，无论a点右侧的情况如何变化，罗尔斯差别原则选择以$X3$达到最大值的a点进行利益分配，关注的是最不利者的最大利益。除此以外，还有一种可能是，如图2.4所示，在b点左侧，$X2$、$X3$同步上升；但在b点之后，两者近似相交，这就是罗尔斯所说的“紧密啮齿”。在“紧密啮齿”中，差别原则选择的是$X2$达到最大值的b点，目的在于保障地位处于中间的人的利益。综合来看，无论是“链式联系”，还是“紧密啮合”，两种模式下的差别原则都致力于让每个人都能够“得其应得”。

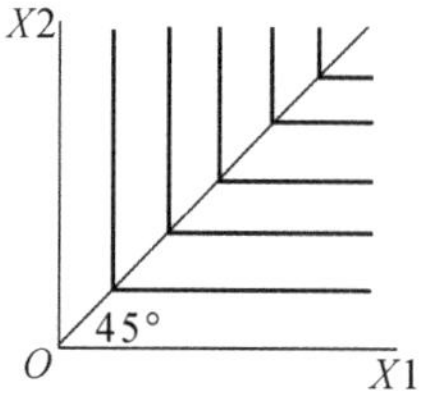

图 2.2　无差别曲线图

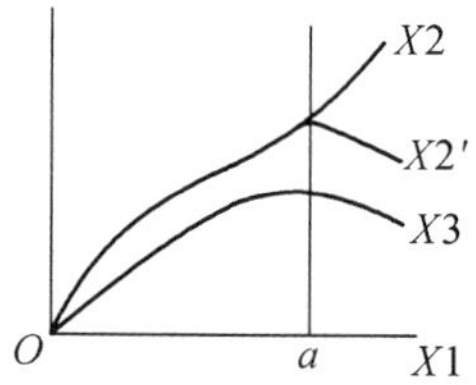

图 2.3　“链式联系”曲线图

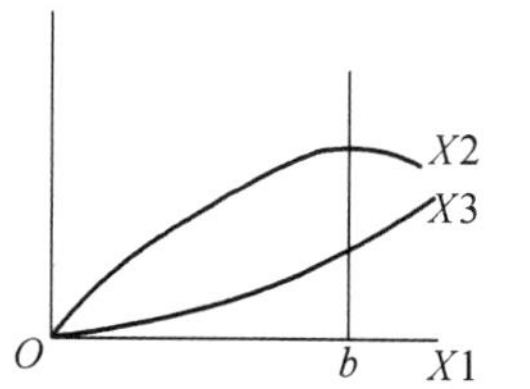

图 2.4　“紧密啮齿”曲线图

综上所述，课堂教学公平既需要同等对待学生，让每个学生都能得到发展，也需要差别对待学生，关注不同个体的不同发展。但一个关键问题是，课堂教学面对的是一个个“完整”的人，是一个个兼具共同的人性和独特的个体性的人，他们既是平等的，也是有差异的，在他们身上，差异与平等并非割裂的，而是统一的。那么，在课堂教学过程中，平等对待与差别对待究竟是什么关系呢？课堂教学公平究竟应该如何处理人与人之间的“相同”与“不同”呢？

（一）“有异”的平等——平等对待与差异对待互为条件

所有的公平理论都以“应得”为出发点，延伸到教育领域则表现为每个人都应该得其应得。平等对待是得其应得的保障，离开了平等对待，得其应得将是一纸空文；差别对待是得其应得的关键，但并不是所有的“差别对待”都能使其得其应得。因此，课堂教学公平绝不是单一地平等对待每个人，对每个学生平均用力、同等“施教”，也不是简单地差别化地对待每个人，而是以平等为基础的各种不同对待、区别对待，这是一种基于平等的“因材施教”。

从终极意义来看，课堂中所有学生的能力和个性都能得到充分的、自由的发展是最有效率的教学，也是最公平的教学。如果课堂教学不能“一视同仁”，平等对待每个学生，一味地以学生的考试成绩、家庭背景为依据来区别对待不同学生，那么必然出现“强者更强，弱者更弱”的“马太效应”，这完全背离了教学公平的本质，所以课堂教学公平需要平等对待每个学生。平等对待每个人是课堂教学公平的基础，没有平等对待，学生在人格、尊严上的平等就会受到侵犯，学生的共同发展就无从谈起。除此以外，平等对待会使每个学生都能意识到自身存在着巨大的发展潜力，进而会激发学生追求自我发展的动力。但正如加德纳(Gardner)所言，“在过去的世纪中，教学的最大错误是：假定全体儿童是没有差异的同一个体，并以同一种方式教授同一学科般地对待全体儿童”①。所以,如果课堂教学不能关注到个体存在的发展差异,实施多样化的教学,时时打着平等的幌子,以一种完全相同的“同质化教育”来应付多样的个体,那么,这只是一种削高平低的做法,依旧违背了教育公平原则。由此可见,平等对待与差别对待是相辅相成的,差别对待必须以平等对待为基础,平等对待必须包含差别对待,两者都是为了更好地保证每个学生的个性发展。举个简单的例子来说,“教师期望”对学生发展、成长有着至关重要的影响,平等对待要求教育者对每个学生都充满期望,但是这种期望并不是完全、绝对相同的,而是以学生的发展潜力、能力为基础的。因此,平等对待与差别对待是课堂教学公平的两翼,两者不可相互替代。

(二)“有益”的偏袒——补偿“弱者”

让每一个孩子都能获得适合其自身的发展,这就需要我们常说的差异对待。但就个体而言,每个人所在的教育起跑线是有差别的,这一方面来源于天赋能力的差异,另一方面来源于个体家庭经济条件、社会地位的差异。②著名的《科尔曼报告》表明:学生的家庭背景是影响学生学业成绩的关键因素。③ 联合国教科文组织《学会生存》报告也指出,来自于不同背景的儿童,其入学的机会以及以后在社会上取得成功的机会的分布都是不平等的。④同时,结合实际生活,我们也能明显感受到,学生家庭的物质资本以及文化资本都会对教育结果产生一定的影响。所以,区别于以学生在能力、潜力发展方面存在的不同为基础的差异对待,课堂教学公平也要关注学生在家庭背景方面的差异,对处境不利的学生给予补偿。

“补偿原则认为,为了平等地对待所有人,提供真正同等的机会,社会必须更多地关注那些天赋较低和出生不利的社会地位的人们。”⑤需要注意的是,补偿原则是矫正正义的体现,其对象是弱势群体,是对地位处于不利者的倾斜,是对不利者的“雪中送炭”。就教育公平而言,美国的“开端计划”、法国的“优先教育区”政策以及我国对农村学生所实施的一系列包括“两免一补”

① 转引自邓志伟.个性化教学论[M].上海:上海教育出版社,2002:35.

② 冯建军.教育公正——政治哲学的视角[M].福州:福建教育出版社,2008:156.

③ 张人杰.国外教育社会学基本文选[M].上海:华东师范大学出版社,1989:158.

④ 联合国教科文组织国际教育发展委员会.学会生存——教育世界的今天和明天[M].北京:教育科学出版社,1996:102.

⑤ 约翰·罗尔斯.正义论[M].何怀宏,何包钢,廖申白,译.北京:中国社会科学出版社,2001:101.

在内的政策，都是补偿原则的体现。具体到课堂教学来看，补偿原则就是给予课堂中处于不利地位的“弱势”学生群体一定程度的优先关注和补偿，赋予他们更多的机会与资源。这种看似“不公”的教学，实则是推动公平教学的关键。

（三）“有意”的维护——“优秀者更优秀”

受家庭环境、遗传等因素的影响，学生与学生之间确实存在着明显的差异。基于此，课堂教学需要对“弱势”学生群体进行补偿对待，但对弱势学生群体的补偿对待不能以牺牲其他群体的“利益”为代价。好比两个身高不同的人站在树下摘果实，不能为了照顾身高较低的人，而让身高较高的人蹲下来采摘果实，这显然是不公平的。

我们说，基础教育面向所有人，理应平等对待每个人。为了纠正重点校和重点班对教育公平的破坏，2006 年《义务教育法》明确规定取消重点校、重点班。自此，为了更好地落实教育公平，一线教师也往往“取中间，去两边”，将关注“中间”学生视为提升教学公平的“催化剂”，后来，照顾“底部”学生成为提升教学公平的突破口。不可忽视的是，社会的发展离不开精英人才的推动，若基础教育压制了英才教育、特殊人才的培养，试图将所有学生的发展拉平，不仅有违于教育公平的差异性对待，而且也不能很好地培养英才，会贻误国家和民族的发展。如同美国教育改革文件《国家处于危险之中：教育改革势在必行》中的规定：“最有天才的学生也许要求课程内容丰富一些，速度快一些，这种要求甚至超出了其他学生。”①真正意义上的课堂教学不但不能无视优秀学生群体，而且要遵循才能匹配原则，有意为能力出众、具有学习天赋的学生提供更多更好的机会，使他们尽最大的努力取得最好的成就。同样，对优秀学生的关注也不能以侵犯其他群体的学生利益为代价。因此，让“优秀者更加优秀，平凡者不平凡”，使每个人都能发展成为最好的自己，这才是课堂教学公平的应有之道。

---

① 吕达，周满生. 当代外国教育改革著名文献（美国卷 · 第一册）[M]. 北京：人民教育出版社，2004：14.

第三章
国内外课堂教学公平及其指标体系的研究与分析

春秋时期，孟子就提出“权，然后知轻重；度，然后知长短。物皆然，心为甚”。可见，测量具有十分重要的意义与价值。1899 年，为全面衡量社会问题、描述社会状况，法国社会学家高士德首次提出研究社会问题的社会指标和计量方法，开启了应用指标体系的萌芽时代。在 20 世纪 20 年代中后期，伴随着经济指标和社会指标的研究需要，教育指标应运而生，作为衡量经济发展、社会发展的一部分来源。随后，20 世纪 70 年代，世界各国对教育愈加重视，为了更好地测量、评估教育质量，人们开始对教育指标进行全面、系统、专门的研究，产生了一系列丰硕的成果。实践表明，以指标的方式进行研究，既能将复杂问题简单化，也能快速找准问题，有针对性地解决问题。然而，就当前学术研究来看，国内外对课堂教学公平及其指标体系的专门研究少之又少，只是在研究教育公平指标体系、教育现代化指标体系、教育质量评价指标体系等方面略微有所涉猎。尽管不成体系，但依旧是课堂教学公平及其指标体系研究的重要来源，具有一定的引导作用。因此，通过对国内外课堂教学公平及其指标体系有关的文献进行回顾与整理，从中挖掘出与课堂教学公平指标有关的内容，并获取一定的启示，仍然可以为后续课堂教学公平指标体系的建构提供可借鉴的经验。

一、国内课堂教学公平及其指标体系的研究分析

本小节通过对国内课堂教学公平及其指标体系相关研究进行梳理与分析，旨在从已有相关性较强的研究中挖掘出共同的内容基础，进而获取相关的启示和经验，为下一步建构课堂教学公平指标体系做好铺垫。

（一）国内课堂教学公平及其指标体系相关研究梳理

课堂教学公平是教育公平的组成部分，既能反映教育公平，又能左右教育公平。自 2003 年杨东平教授等人对我国教育公平评价指标体系进行初步

探究之后，国内开始出现了较多关于教育公平指标体系的研究。通过文献的收集与阅读，以研究课堂教学公平及其指标为目的，主要筛选出了7篇逻辑性较强，且与研究主题关联性较强、具有代表性的研究成果，如表3.1所示。

表3.1　国内课堂教学公平指标体系相关研究概览

年份	作者	研究标题	出处
2011	郝文武	课程教学公平的本质特征和量化测评	《教育研究与实验》
2011	汪卫平	课堂公平：教育公平的底层思考	《教育理论与实践》
2012	李金钊	课堂教学公平观察量表的设计及观察方法	《上海教育科研》
2012	钟祖荣	论教育过程公平的几个问题	《北京教育学院学报》
2016	杨小微、李学良	关注学校内部公平的指数研究	《教育科学研究》
2017	冯建军	课堂公平的教育学视角	《教育发展研究》
2017	方光宝、李学良	课堂过程公平的构成因素及其验证	《全球教育展望》

其中，郝文武教授将课程教学视为课堂教学的资源，围绕这一资源，论证了教学过程公平的本质与具体测评指标。汪卫平、钟祖荣、冯建军3位教授的研究虽然不直接涉及课堂教学公平指标体系，但一个完整的指标体系是由指标名称和指标数值两部分构成的，它体现的是事物的质和量两个方面的规定性。① 通过对3篇文章的阅读与整理发现，在指标体系的设定过程中，3位教授对课堂教学公平的维度探究有很多值得本研究借鉴和学习的地方。李金钊老师从公平视角出发，立足于课堂教学观察，分析了课堂教学公平的平等性、差异性、发展性，从而制定了课堂教学公平观察量表。杨小微教授等人则是在考察学校内部教育公平指标体系的过程中，从学校领导与管理、课程与教学、班级与活动三个维度进行了论证，在课程与教学这一部分，着重设计了课堂教学公平指标。方光宝等人则是通过"头脑风暴法"，和3名博士共同编制了由50道题项构成的"中小学生课堂过程公平问卷"，问卷发放以后，利用正交旋转因素分析法，将构成课堂过程公平的因素命名为"平等对待、差别

① 郑杭生，李强，李路路. 社会指标理论研究[M]. 北京：中国人民大学出版社，1989：27.

对待、师生互动、学生感知的教师信任”，尽管“师生互动”可以看作“平等对待”的具体体现，但无可否认的是，这4个因素确实是衡量课堂教学公平的要素，因此，该结论对研究课堂教学公平指标体系亦具有非常重要的启发意义。

除此以外，在制定课堂教学公平指标体系之前，本研究还分析了北京、上海、江苏、浙江、广州等省市教育现代化指标体系以及上海市中小学学生学业质量绿色指标中涉及课堂教学公平方面的指标。

（二）国内课堂教学公平及其指标体系相关研究分析

1.“词典式序列”的课堂教学公平及其指标体系

公平、公正、正义问题一直是政治哲学、伦理学、社会学、教育学等学科领域较为关注的问题。众所周知，不论基于什么视角，罗尔斯的《正义论》始终都扮演着非常重要的角色。在《正义论》一书中，罗尔斯提出了一种一般的正义观，即“所有的社会基本价值（或者说基本善）——自由和机会、收入和财富、自尊的基础——都必须平等地分配，除非对某一种或所有社会益品的不平等分配将有利于最少受惠者”。① 也就是说，正义不一定就是平等地分配，不平等的分配也有可能是正义的，这就产生了正义的两个原则。第一个原则是“每个人对与所有人所拥有的最广泛平等的基本自由体系相容的类似自由体系都应有一种平等的权利”，也就是“平等自由原则”。第二个原则是社会的和经济的不平等应该这样安排，使它们：① 在与正义的储存原则一致的情况下，适合于最少受惠者的最大利益；② 依系于在机会公平平等的条件下职务和地位向所有人开放，②也就是机会公平平等原则和差别原则的结合。以“无知之幕”为假设，罗尔斯认为当人们运用博弈理论中的“最大最小规则”对正义的两个原则做出选择时，这两个原则处于“词典式序列”之中，即第一个原则优先于第二个原则，第二个原则中的机会公平平等原则又优先于差别原则。结合课堂教学公平的特点，国内也有学者认为，教育公平要遵循罗尔斯所描述的“词典式序列”。

教育是直面人、通过人、促进人发展的实践活动。③ 因此，人是教育的起

---

① 约翰·罗尔斯. 正义论[M]. 何怀宏，何包钢，廖申白，译. 北京：中国社会科学出版社，2001：62.

② 约翰·罗尔斯. 正义论[M]. 何怀宏，何包钢，廖申白，译. 北京：中国社会科学出版社，2001：61.

③ 冯建军. 课堂公平的教育学视角[J]. 教育发展研究，2017(10)：63-69.

点。立足于人学视角，从人作为社会人和个体人的双重属性出发，冯建军教授指出课堂公平应包括 3 个层次，依次为平等性公平、差异性公平和发展性公平。① 如表 3.2 所示，平等性公平包括平等性的资源分配和平等对待每个人，体现的是同等情况同等对待原则，其中，平等性的资源分配是罗尔斯正义观在课堂教学领域中的延伸，包括权利、机会、资源平等分配以及消除歧视，对“弱者”进行补偿；差异性公平就是根据受教育者的具体情况进行区别对待，体现的是不同情况不同对待的原则，主要包括赋予学生自由选择的权利，提供多样化可选择的课程，进行分层教学、分类指导，实施多元评价；发展性公平旨在让每个学生都能在全面合格基础上得到个性化的发展，既追求共性，也追求个性。就其关系来看，平等性公平是课堂公平的底线，优先于差异性公平、发展性公平，因此，这三个层次具有罗尔斯所说的“词典式序列”。尽管冯建军教授没有专门对课堂教学公平指标进行研究，但其从根本上揭示了课堂公平内涵，提供的课堂公平的 3 个层次对我们研究课堂教学公平指标体系有很多借鉴经验。

表 3.2　课堂公平的 3 个层次②

层次 1——平等性公平：同等情况，同等对待	平等性的资源分配
	平等对待每个人
层次 2——差异性公平：不同情况，不同对待	赋予学生自由选择的权利
	多样化可选择的课程
	分层教学、分类指导
	多元评价，宽容异己
层次 3——发展性公平：全面合格基础上的个性化发展	以国家规定的学业质量标准为底线，达到合格的基本要求
	尊重人的发展的要求，促进每个人的个性化发展

除冯建军教授以外，杨小微教授等人在研究学校内部公平时，将学校内部公平概括为三句话，即对所有儿童平等对待，对不同儿童差别对待，对有特殊需求的儿童特殊对待；并借鉴罗尔斯对分配原则的优先性设定，创造性地提出：在学校内部公平中，平等对待优先于差别对待，差别对待优先于特别对

① 冯建军.课堂公平的教育学视角[J].教育发展研究，2017(10)：63－69.

② 冯建军.课堂公平的教育学视角[J].教育发展研究，2017(10)：63－69.

待。[①] 据此,设定了包含 4 个一级指标与 13 个二级指标在内的理论分析框架,作为学校内部公平指标体系的纵向维度。通过调研,将学校内部公平指数的载体界定为学校领导与管理、课程与教学、班级与活动,设定了 51 个三级指标作为横向维度,形成了一个二维的分析框架。运用德尔菲法,对一级、二级指标的权重进行了分析,其中,同等对待所占比重最大,差别对待次之,公正体验所占比重相对较低,但高于反向指数。如表 3.3 所示,选取与课堂教学密切相关的课堂和教学维度下的指标进行研究发现,就一级指标来看,同等对待与差别对待是研究微观教育公平指标体系必不可少的要素;而微观教育公平除了是一种事实以外,还应包括主观体验,个人的公平感是检测公平程度的一个重要来源。同时,就二级、三级指标来看,微观教育公平指标体系的建构要蕴含微观教育活动中的基本要素。

表 3.3 "词典式序列"的课堂教学公平体系[②]

一级指标	权重	二级指标	权重	三级指标
A 同等对待	0.45	A1 权利尊重	0.15	平等的学习权
				得到教师尊重的权利
		A2 机会获得	0.15	发言机会
				参与讨论的机会
				作业的机会
		A3 资源共享	0.15	课程资源
				教学资源
B 差别对待	0.30	B1 兴趣适应	0.10	满足学生兴趣、爱好和特长的选修课程的设置情况
		B2 能力适应	0.10	分层作业
				弹性评价
				弹性课程
		B3 个性包容	0.10	教师对学生个性化表达或发表不同见解的包容

① 杨小微,李学良.关注学校内部公平的指数研究[J].教育科学研究,2016(11):5-12.
② 杨小微,李学良.关注学校内部公平的指数研究[J].教育科学研究,2016(11):5-12.

（续表）

一级指标	权重	二级指标	权重	三级指标
C 公正体验	0.15	C1 公平感	0.05	合适的课程资源和学习机会
		C2 满意度	0.05	对课程的满意度
				对教师的教学行为和态度的满意度
				对自己学习的效果感到满意
		C3 信任感	0.05	愿意接受帮助
				愿意提供帮助
				信任老师的教学能力
D 反向指数	0.10	D1 言语暴力、D2 身份歧视、D3 欺辱事件、D4 公平问题投诉		

2.“量表式”的课堂教学公平及其指标

通过对课堂教学公平研究文献的梳理，李金钊等人认为国内对课堂教学公平的研究主要以思辨分析为主，缺乏实践研究和实证研究，因此，基于课堂教学公平的平等性、差异性、发展性三个特点，李金钊等人从 6 个维度出发，设置了课堂教学公平观察量表，如表 3.4 所示。

表 3.4　课堂教学公平观察量表①

维度	观察指标		主要观察点（记录依据）	出现频次与典型事件记录
维度 1：学生参与课堂学习	参与态度	积极参与	主动举手；主动说出答案；主动要求参与；小组活动中积极参与；注意力集中，期待答案（如眼神）	
		消极参与	做自己的事情，游离在学习之外；睡觉；与他人讲闲话	
	参与机会	主动参与机会	举手后回答；大声叫出答案后回答；举手后练习；提出问题	
		被动参与机会	被叫回答；被叫上台演示；被叫练习实验；被按照一定规则参与	
	参与效果	完全正确	回答正确；练习符合要求；问题提得好	
		部分正确	部分正确；部分符合要求	
		完全错误	回答错误；练习不符合要求	

① 李金钊. 课堂教学公平观察量表的设计及观察方法[J]. 上海教育科研，2012(03)：66－69.

（续表）

维度	观察指标		主要观察点（记录依据）	出现频次与典型事件记录
维度2：教师对学生的反馈	教师的回馈态度	语言	正面、积极、激励性评价；对学生高期待	
			中性	
			负面、消极、歧视、贬低；打击	
		表情	欣赏，高兴	
			失望，不高兴	
			无表情	
	教师的回馈方式	对学生正确反应的回馈	＊对正确答案的鼓励、肯定、表扬，激发动机；表扬特别进步；表扬总的进步；含糊的表扬；表扬好的行为 ＊老师概括学生的答案；解释或提示、指导、引导；给出答案；不作反馈 ＊对不正确答案的简单否定、追问，给出新的问题，提问他人，重复问题、请同学再讲一遍；重新回答一次；扩充问题，即要求学生对模糊回答或不完整回答提供进一步信息 ＊具体化的批评、含糊的批评，批评总的表现；批评不良行为	
		对学生错误的回馈		
		对部分正确或对错不明的回馈		
	教师回馈学生的指向性	指向动机兴趣	对问题感兴趣；想学好；很好学；好奇心强	
		指向能力	结果好坏；聪明；有想象力；创新思维；很能干	
		指向努力程度	过程很努力；肯动脑筋	
		指向性格品性	专心，不专心；细心，粗心；耐心，没耐心；有无爱心；听不听话；有无毅力	
维度3：教师对学生的个别关注	对课堂中的问题学生、捣乱行为的处置	态度	警告，批评，忽视	
		方式		
	在学生独自阅读、练习、实验时		走到学生身边，观察学生学习； 指导学生，邀请其等会发言	
	在学生小组合作学习时		走到学生身边，观察学生学习； 指导学生，邀请其等会发言	

（续表）

<table>
<tr><th>维度</th><th colspan="2">观察指标</th><th>主要观察点(记录依据)</th><th>出现频次与典型事件记录</th></tr>
<tr><td rowspan="7">维度4：课堂教学目标与内容的安排</td><td colspan="2">按时完成教学任务</td><td>提前完成，按时完成，未完成；拖堂完成；拖堂未完成</td><td></td></tr>
<tr><td colspan="2">教学设计时有对内容分层的考虑</td><td>根据教案或老师说课来判定；课堂上老师明确进行分层要求</td><td></td></tr>
<tr><td rowspan="3">学生课堂掌握程度</td><td>完全掌握</td><td rowspan="3">根据学生的反应、表情、练习卷等情况来判断</td><td rowspan="5"></td></tr>
<tr><td>基本掌握</td></tr>
<tr><td>大多数没掌握</td></tr>
<tr><td rowspan="2">作业设计</td><td>内容可选择性</td><td>作业分层，可选</td></tr>
<tr><td>完成方式多样性</td><td>口头完成，书面完成，实物作品</td></tr>
<tr><td rowspan="3">维度5：课堂教学方法与手段的运用</td><td colspan="2">教学方法与手段的多样性</td><td>独白，小结，展示实物，教师演示，讲授，小组合作，演示媒体，学生自己读课文或做练习，角色扮演，学生上台演练，教师个别指导</td><td></td></tr>
<tr><td colspan="2">教学媒体应用的适度性</td><td>文字多少，字体大小，图片清晰，录像清晰，音响效果好</td><td></td></tr>
<tr><td colspan="2">板书及其他辅助教具的应用情况</td><td>板书字体工整、大小合适，PPT全班都能看清</td><td></td></tr>
<tr><td rowspan="3">维度6：课堂教学资源的分配</td><td colspan="2">课堂空间资源分配</td><td>座位安排，教师课堂中行走路线及各点停留时间</td><td></td></tr>
<tr><td colspan="2">课堂时间资源分配</td><td>教师时间和学生时间的比例；
教师关注各类学生的比例</td><td></td></tr>
<tr><td colspan="2">教辅用具</td><td>实验器材，电脑，玩具，草稿纸，记录用笔等</td><td></td></tr>
</table>

从表中可以看出，上述6个维度涵盖了课堂教学的所有要素，资源的分配、教学目标与内容的安排、对学生的个别关注等都是评判课堂教学是否公平的重要指标，但需要我们思考的是，这样的观察量表是否真的可以测量课

堂教学公平的程度呢？无可否认的是，表中所呈现的19个观察指标确实是课堂教学公平的构成要素，既有平等性观察指标，又有差异性观察指标，但正如作者所说，通过运用发现，对于同一个班级，同一个维度的观察往往都是不同的，甚至还有矛盾。① 可见，以观察量表的方式难以从整体上把握课堂教学公平，因此，需要我们思考的是，一项完整的课堂教学公平指标究竟应该如何呈现，才能既测出公平，又推进公平呢？

3. 教育过程公平指标体系中的课堂教学公平指标

长期以来，我国对教育公平的研究都是分阶段进行的。前期关注的是教育起点公平，着力于使人人都享有平等的受教育权利与接受教育的机会；随后，关注的是教育资源分配问题，以促进教育均衡发展为主要目的；当前，关注的是人在受教育过程中的尊严平等，呼吁建立适合个体的教育学习体系，让每个孩子都能享有公平而有质量的教育。课堂教学作为教育过程的组成部分，是教育过程公平研究的重点。厘清教育过程公平指标体系中的课堂教学公平指标有利于增强我们对课堂教学公平指标的理论认知。

从投资质量、数量、效益三者之间的关系出发，郝文武教授指出公平是可以进行量化分析的，并提出教育过程公平是教育客观条件与教育主观效率的统一，教育过程公平的测量要涉及客观条件，也不能遗漏主观要素。② 如表3.5所示，郝文武教授认为，教育过程公平的客观标准主要体现在教学设施和经费、教师质量和数量、班级规模等5个方面；主观要素则始终围绕“平等与效率”，侧重于对教师教育理念、教育方式等方面的评价，追求的是教学效率与教学公平的统一。因为“教育过程公平指课程资源、教学内容、教育教学活动过程和方式的有效”③，所以，课堂教学公平程度的判断既要对存在于课堂教学中的主观要素进行测评，也要综合考量其客观因素。

---

① 李金钊．课堂教学公平观察量表的设计及观察方法[J]．上海教育科研，2012(03)：69.

② 郝文武．课程教学公平的本质特征和量化测评[J]．教育研究与实验，2011(05)：14.

③ 郝文武．课程教学公平的本质特征和量化测评[J]．教育研究与实验，2011(05)：13.

表 3.5　教学过程公平体系①

客观条件	主观要素
教学设施和经费	因材施教和均等施教相结合的课程资源和教学理念、方式
教师质量和数量	平等与效率相促进的提问、练习和实验等理念和方式
班级规模	动力和能力相联系的个性化辅导、激励理念和方式
个性化学习平台	知识和能力相促进的教学目标追求和评价方式
家庭与社会的经济条件、文化环境	身体状态和特殊兴趣相结合的座位安排方式

与之类似的是，钟祖荣教授在分析了学术界对教育过程公平的研究之后，从范围、性质、内容、原则等方面分析了教育过程公平。如图 3.1 所示，无论从哪方面来看，课堂教学公平都蕴含于教育过程公平。尽管钟祖荣教授并没有专门分析课堂教学公平，但在分析教育过程公平的原则时，钟祖荣教授以课堂提问为例，对同等对待与差别对待进行了区分，指出提问的次数与内

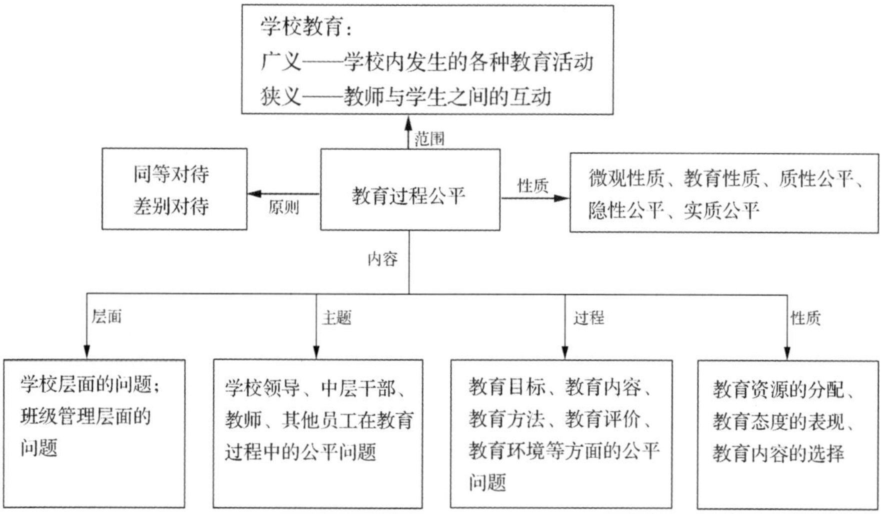

图 3.1　教育过程公平的内涵分析②

① 郝文武. 课程教学公平的本质特征和量化测评[J]. 教育研究与实验，2011(05)：12－16.

② 钟祖荣. 论教育过程公平的几个问题[J]. 北京教育学院学报，2012(05)：14－20.

容的不同以学生自身存在的差异为前提时就是公平的，反之，以外貌、家庭条件为前提的不同就是不公平的，这无疑有助于我们重新认识和理解同等对待与差异对待的区别与联系。同时，钟祖荣教授所描述的隐形公平、质性公平（指教育过程公平中存在的性质问题、态度问题等①）等问题往往是我们在研究教育公平时所容易遗漏的问题，而这些恰恰都是最能反映教育是否公平的问题。

另外，在探讨课堂公平时，汪卫平老师将课堂公平视为教育公平的逻辑起点和实践起点，提出“课堂公平是教育公平的底线，主要表现在资源公平、教学公平以及评价公平三个方面”②。具体内容如图3.2所示。按照学术界对教育公平所进行的划分逻辑，我们也可将教学公平划分为起点公平、过程公平、结果公平。从某种程度上来看，资源公平、教学公平、评价公平分别是课堂教学起点公平、过程公平以及结果公平的体现，所以，资源公平、过程公平、评价公平统属于课堂教学公平。因此，汪卫平老师所提供的课堂公平的维度对我们研究课堂教学公平指标体系有着非常重要的推进作用，但也要认识到这些维度并不能构成课堂教学公平指标体系的全部。

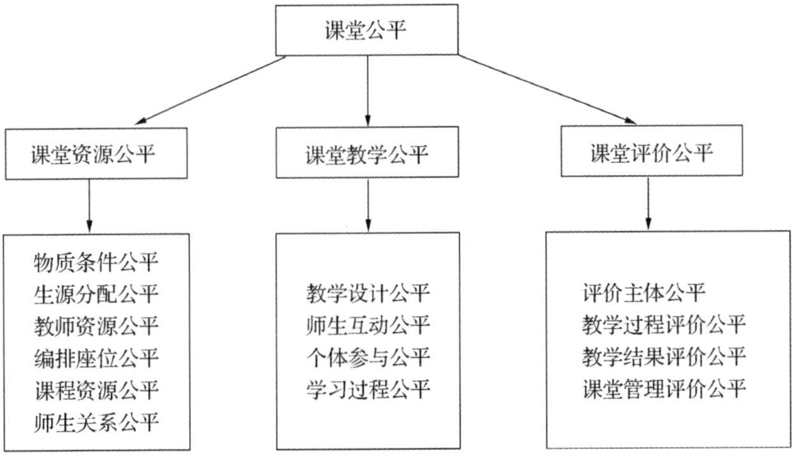

图3.2　课堂公平体系③

① 钟祖荣.论教育过程公平的几个问题[J].北京教育学院学报，2012(05)：14－20.
② 汪卫平.课堂公平：教育公平的底层思考[J].教育理论与实践，2011(11)：6－8.
③ 汪卫平.课堂公平：教育公平的底层思考[J].教育理论与实践，2011(11)：6－8.

此外，2017 年，方光宝等人在研究学校内部公平过程中，开发了测量中小学生课堂过程公平的感知问卷，以 497 名中小学生为对象，利用 SPSS 19.0 软件进行探索性因子分析之后，提炼出了影响课堂过程公平的四大因素，即“公平对待”“差异对待”“师生活动”和“学生对教师的信任”；并以 576 名中小学生为研究对象，利用 AMOS 21.0 软件对课堂过程公平的构成要素进行了验证性因子分析，如表 3.6 所示，最终将学生课堂过程公平分为“平等对待”“差异对待”“师生互动”和“学生感知的教师信任”四个维度。在具体分析过程中，又将“平等对待”与“差异对待”两个维度划分为分配公平的范畴，指向教学资源、机会的分配公平属性；将其余两个维度划分为关系公平的维度，指向师生之间在人际关系、心理层面的公平。① 其实，作为微观的教育公平，课堂教学过程公平不仅要强调资源、机会的分配公平，而且也要关注到对学生人格、尊严的承认公平；不仅要关注到师生互动、学生感知的教师信任，而且也要关注到生生互动、学生与学生之间的互相信任。尽管方光宝等人的研究有待进一步完善，但不可否认的是，无论是分配公平，还是关系公平，都是分析课堂教学公平的重要范畴。

表 3.6　课堂过程公平构成因素及其范畴②

课堂过程公平的构成要素	课堂教学公平的范畴
平等对待	分配公平
差异对待	
师生互动	关系公平
学生感知的教师信任	

4. 上海市《中小学学生学业质量绿色指标》中的课堂教学公平指标

2011 年，在取得 PISA 测试的成功之后，上海市教委出台了《上海市中小学生学业质量绿色指标(试行)》，简称“绿色指标评价”，以关心学生的全面发展与身心健康为根本取向，共包括 10 个方面的内容，如表 3.7 所示。其中，学生学习动力指数、师生关系指数、教师教学方式指数以及学生进步指数都与课堂教学公平有着直接的联系，是考察课堂教学公平必不可少的要素。

① 方光宝，李学良. 课堂过程公平的构成因素及其验证[J]. 全球教育展望，2017(12)：113 - 123.
② 方光宝，李学良. 课堂过程公平的构成因素及其验证[J]. 全球教育展望，2017(12)：113 - 123.

表 3.7　上海市中小学学生学业质量绿色指标①

具体指标	相关变量
学生学业水平指数	学生学业成绩的标准达成度
	学生高层次思维能力指数
	学生学业成绩均衡度
学生学习动力指数	学习自信心
	学习动机
	学习压力
	学生对学校的认同度
学生学业负担指数	学业负担综合指数
	学业负担分项指数
师生关系指数	教师是否尊重学生，是否公正、平等地对待学生，是否信任学生
教师教学方式指数	教师对教学方式的自评
	学生对教师教学方式的评价
校长课程领导力指数	课程决策与计划、课程组织与实施、课程管理与评价
学生社会经济背景对学业成绩的影响指数	父母受教育程度、父母职业、家庭文化资源
学生品德行为指数	学生的理想信念、公民素质和健全人格
学生身心健康指数	学生生理、心理和情感
学生进步指数	学习动力进步指数、师生关系进步指数、学业负担进步指数

5. 教育现代化指标体系中的课堂教学公平体系

通过对部分发达省市教育现代化评价指标的整理分析发现，从某种程度来看，这些发达省市教育现代化指标体系的制定都遵循了“CIPP”模式②，都

① 转引自《上海市绿色指标》：http://shiba. hpe. sh. cn/Articledisp. aspx? id=3965。

② “CIPP”模式即“Context-Input-Process-Product Model”，是一种以决策为中心，将背景、输入、过程和结果四类评价结合起来的评价模式。

有“过程—投入—产出”的影子。整体来看，受教育发展程度的影响，在部分省市教育公平强调“投入”，在另一些省市则更为突出“产出”。如表 3.8 所示，在教育现代化指标体系中，与教育公平相关的二级指标有：教育机会、教育资源、弱势群体教育保障、教育布局等等。尽管这些二级指标都是从宏观层面来解读教育公平问题的，但在与之对应的三级指标中，对微观教育公平也有所涉猎，如多样化教育、困难学生受帮扶比例、班额大小等指标也都能够反映课堂教学公平现状，是建构课堂教学公平指标体系不得不考虑的基本要素。

表 3.8　教育现代化指标体系中的教育公平指标

省市	教育公平指标
江苏省①	机会均等：残疾儿童少年接受 15 年免费教育的比例，外来务工人员随迁子女与户籍学生享受同等待遇的比例，提供多样化教育； 资源配置：义务教育阶段城乡、学校间条件均衡化比例，非义务教育阶段学校公共资源供给，困难学生受帮扶比例
浙江省②	义务教育均衡：教育资源均衡配置，校长教师流动有序，班额控制合理，择校热得到遏制； 各类教育协调发展：学前教育资源满足社会需求、普通高中教育多样化、职业教育提升办学能力、城乡社区教育机构网络健全，满足居民多样化的学习需求，提高人均受教育年限； 弱势群体教育保障：健全经济困难家庭子女教育资助体系，外来务工者子女平等接受教育，“三残”儿童少年普遍接受教育，留守儿童和学习有困难、行为有偏差的学生得到有效帮助
北京市③	义务教育资源均衡配置程度；班额合理程度；残障儿童义务教育入学率；外来务工人员子女平等接受义务教育比例；对学习有困难和行为有偏差的学生有效帮扶比例；健全经济困难家庭子女教育资助体系
广东省④	教育资源配置；适龄常住人口入学(园)率；辍学率；区域学位供给能力；农村适龄人口教育机会；女性适龄人口教育机会；非户籍常住人口子女教育机会；贫困生教育机会

① 转引自《江苏教育现代化监测指标》(2016 年)。
② 转引自《浙江省教育现代化县(市、区)评估操作标准》(2015 年修订版)。
③ 转引自《北京教育现代化评估指标体系框架》。
④ 转引自《广东省县域教育现代化指标体系及评估方案》(2008 年)。

（续表）

省市	教育公平指标
上海市①	教育布局、结构的合理程度：中小学校合理布局程度； 义务教育资源均衡配置程度：校舍建设达标学校的比例，教师合理流动机制基本形成； 教育发展水平：义务教育完成率，流动儿童在公办学校和在以在招收农民工子女为主的民办小学接受免费义务教育就读比例

二、国外课堂教学公平及其指标体系的研究与分析

关于课堂教学公平指标体系的研究，虽暂未形成系统，也没有独立的地位，但对课堂教学公平指标的研究早已渗透于教育指标研究之中。众所周知，一些重要的国际组织以及发达国家的相关教育指标研究对世界各国的教育发展都产生了深刻的影响。基于此，本节首先选取经济合作与发展组织(OECD)、欧洲联盟(EU)以及世界教育强国美国为代表，对其现有的教育公平指标进行研究与分析。

（一）经济合作与发展组织的教育公平指标体系研究

自 1991 年以来，OECD 以人力资本理论为基础，以 CIPP 模式为框架，每年都会出版《教育概览：OECD 指标》。该指标体系涉及微观教育、宏观教育等各个不同层面的所有问题，既具有针对性，又不失全面性，对各国各类教育指标体系的制定、教育的发展走向均有所影响。从 2003 年至今，OECD 的教育指标一般均由 4 个一级指标构成，以 2017 年《教育概览：OECD 指标》为例，该指标体系的一级指标有：教育机构的产出及学习的影响，教育中的财政与人力资源投入，教育机会、参与和进步，学习环境与学校组织。其中，“教育机会、参与和进步”“学习环境与学校组织”这两个一级指标与教育公平有着直接显著的联系，如表 3.9 所示，这两个一级指标又包括了 12 个二级指标，分设了 40 个具体指标。

就微观教学而言，OECD 具体指标中所涉及的与教学公平有关的内容主要有起点公平与过程公平两个维度。起点公平主要有师生比和班额大小两个方面，过程公平包括课堂授课时间、授课方法、师生互动、家庭的参与、残疾儿童的融入等等，而这部分指标无疑都是课堂教学公平指标体系中重要的指

① 转引自《上海市 2010 年教育现代化指标体系及说明》。

标，是我们建构课堂教学公平指标体系不得不考虑的指标。

表 3.9 OECD 教育指标中与教育公平相关的指标①

一级指标	二级指标	三级指标
教育机会、参与和进步	接受教育的群体	3 项
	世界范围内的早期教育体系的差别	3 项
	接受高等教育的人数	3 项
	国际交流生状况	3 项
	学校到工作的转变:15—29 岁群体的职业状况	2 项
	成年人的教育与学习	6 项
学习环境与学校组织	学生课堂学习时间	4 项
	生师比和班额	3 项
	教师薪资水平	3 项
	教师教学时间	3 项
	教师队伍建设	3 项
	学生申请和进入高校学习的各国标准	4 项

（二）欧洲联盟的教育公平指标体系研究

21 世纪初，在研究 OECD 教育指标的基础上，欧盟开始对教育公平指标进行研究，成立了欧盟教育制度公平研究小组。2005 年，该小组公布了其研究报告——《欧盟教育制度的公平性：一套指标体系》。尽管该指标体系是为了对教育制度公平进行测评，但相比于其他国际组织，这是一份最早系统阐述教育制度公平的指标体系，无论对其成员国国家教育的发展，还是对其他国家教育的发展都产生了重要影响。本研究试图通过各种途经对该报告的后续演变进行再研究，遗憾的是未能发现新的研究资料，因此，本研究对欧盟教育公平指标体系的研究只能以 2005 年所发布的研究报告为例。如表 3.10 所示，该指标体系由 4 个一级指标、12 个二级指标、29 个三级指标构成。经过 10 多年的检视，该指标体系具有很强的信度和效度。尽管该指标体系是

① 资料来源于网页：http://www.oecd-ilibrary.org/sites/626b1524-en/index.html? itemId=/content/summary/626b1524-en。

针对教育制度是否公平而设计的,但对课堂教学公平指标体系的建构依旧具有很强的启发意义。如在该指标体系中,强调通过学生期望、学生公平感、信任感等指标对教育制度公平进行测试。其实,作为微观的教育活动,课堂教学公平与否在很大程度上取决于学生的主观感知,忽略这些因素的指标体系将很难真正测出公平。此外,教育不平等的"起源"、对不同群体的不同关注等因素都是课堂教学公平指标体系必须考虑的要素。

表 3.10 欧盟教育制度公平指标体系

一级指标	二级指标	三级指标
教育不平等的背景	教育的个体结果	收入与就业机会的差距
		教育的社会优势
	经济与社会的不平等	收入与贫穷的不平等
		经济安全的不平等
	文化资源	未成年人口的教育水平
		15 岁学生的文化资源
		15 岁学生的文化实践
	期望与感知	15 岁学生的职业期望
		学生的公平标准
		学生关于公平的一般观点
教育过程中的不平等	所受到教育的数量	受教育年限的不平等
		教育开支的不平等
	所受到教育的质量	15 岁学生感知到的来自教师的支持
		15 岁学生感知到的纪律氛围
		种族隔离
		学生对被公平对待的感知
教育的不平等	技能	成绩的不平等
		弱势群体学生与优秀学生
	个人发展	学生的公民知识
	学校生涯	学校生涯的不平等

（续表）

一级指标	二级指标	三级指标
教育不平等的社会与经济影响	教育与社会流动性	由教育水平决定的职业成就
		社会来源对职业地位的影响
	受教育程度最低群体所受教育的收益	受教育程度最高与最低的群体的捐赠
	不平等的集体性影响	学生对教育制度公平性的判断
		学生对教育制度的期望
		学生对教育制度中的公平性的感觉
		容忍/不能容忍指数
		社会政治参与指数
		对制度的信任指数

（三）美国的教育公平指标体系研究

美国教育部国家教育统计中心每年都会出版多种与美国教育有关的统计报告，作为美国最具广泛影响力的机构，该中心每年发布的《美国教育统计摘要》(*USA Digest of Education Statistics*)、《美国教育状况》(*Condition of Education*)、《美国州教育指标》(*State Indicator in Education*)、《教育统计季刊》(*Education Statistics Quarterly*)、《教育统计预测》(*Projection in Education*)等报告，其内容涉及美国教育的历史与现状、对美国教育未来的预测和国际比较等领域的方方面面，不仅对美国教育研究和决策发挥着积极的作用，而且也影响到国际教育的发展。历年来，《美国教育状况》的发布都会引起世界各国的广泛关注，2017 年的《美国教育状况》于当年 5 月正式发布，该报告由人口特征、教育参与、初等和中等教育以及高等教育四部分构成。其中，人口特征和教育参与两部分关注的是受教育人数、种族等问题，部分指标体现的是教育起点公平；后两部分内容既涉及教育过程，也涉及教育结果。与教育公平问题相关的指标有：师生比、贫困家庭学生受教育状况、学校资源分配、学生学业成就差异、州教育发展差异等等。具体到课堂教学来看，资源分配是起点的构成，贫困学生接受教育程度是过程的构成，学业成就是结果的构成，如果课堂教学公平指标体系能够涉及这几方面的内容，无疑会增加指标体系的完整性。

此外，为提升学生学习投入程度、营造课堂公平，美国学者 Kimberly D. Tanncr 研发了“公平教学策略”。如表 3.11 所示，该教学策略包括了 5 个维度、21 条具体措施。在该教学策略中，作者巧妙地处理了课堂教学过程、个体差异与公平参与三者之间的微妙关系，关注到了所有学生的共同发展、全面发展。尽管 Kimberly D. Tanner 并未直接对课堂教学公平指标体系进行系统论述，但从表 3.11 中可以看出，该教学策略清楚地表述了如何促进课堂教学公平，或者说公平的课堂教学是什么样的，这就为课堂教学公平指标体系的建构提供了方向。

表 3.11　课堂教学公平策略①

维　　度	策　　略
给学生思考和谈论学习内容的机会	等会儿
	给学生写的机会
	同伴—思考—分享
	不要做得太多
鼓励、要求和管理学生的参与	举手
	多人举手，倾听不同学生的声音
	随机地使用冰棒棍/索引卡②
	为小组安排报告人
	鞭策(周围同学)
	监控学生的参与
为所有学生构建一个包容、公平的课堂共同体	了解、获得学生的名字
	整合多元文化和相关事例
	在团体或小组中工作
	运用各种积极学习策略
	促进所有学生的准入和公平

① Kimberly D Tanner. Structure matters: Twenty-one teaching strategies to promote student engagement and cultivate classroom equity [J]. Life Sciences Education, 2013(03): 322 - 331.

② 一种教学策略，老师以随机抽样的方式帮助学生参与学习，如在冰棒棍或索引卡上记下学生姓名或者编号，随机抽取学生回答问题，或者直接口头指派学生进行小组汇报。——编者注

（续表）

维　　度	策　　略
通过监控（教师自己和学生的）行为来培养发散性思维	提出一些开放式的问题
	不要评判学生的反应
	谨慎使用赞美
	建立课堂规范
对课堂上所有学生进行教学	从学生来的那一刻就开始教
	从每堂课、每个学生当中收集评估证据

三、国内外相关研究的启示

一方面，随着教育起点公平问题的不断解决，关注教育过程公平将是学术界研究教育公平问题的必然趋势。而课堂教学公平作为教育过程公平的核心，必然也会受到较多关注。另一方面，随着人们对教育公平指标体系、教育质量指标体系、教育评价指标体系、学校内部公平指标体系的不断关注，有关课堂教学公平指标体系的研究也在日益增多。通过上述对国内外教育公平指标体系、教育现代化指标体系、教育质量评价指标体系的梳理和分析，也不难看出，尽管当前学术界对课堂教学公平指标体系的专门研究相对较少，但是却呈现出逐步增多的趋势。本研究试图尝试建构课堂教学公平指标体系，目的在于以指标的方式对课堂教学公平程度进行检测，进而能够快速认识到课堂教学过程中存在的公平问题，而上述这些现有研究都将为本研究提供丰富的经验和启示。

（一）立足于课堂教学公平实际问题

测得出公平、推得进公平，是建构课堂教学公平指标体系的主要目的。聚焦课堂教学公平的实际问题，不仅有助于课堂教学公平指标体系的建构，而且有助于课堂教学公平指标体系的应用。在上述相关研究中，就国内已有研究来看，无论是“词典式序列”的课堂教学公平研究，还是“量表式”的课堂教学公平研究，都以“平等性公平、差异性公平、发展性公平”为基础，始终立足于课堂教学公平问题（如教学羞辱、教学歧视、不能平等对待每个学生等等），或揭示了课堂教学公平的实质，或制定了课堂教学公平观察量表。就国外已有研究来看，亦是如此，如提升课堂教学公平的策略紧紧以课堂教学存在的公平问题为出发点，群体间的不平等是衡量教育公平的重要指标，等等。因此，课堂教学公平指标体系的建构必须立足于课堂教学过程中存在的实际问题。只有这样才能测得出公平程度，进而能够有针对性地解决课堂教学公平的实际问题。

（二）关注课堂教学的整体性

课堂教学公平指标体系指向课堂教学公平，但课堂教学公平不仅指教学过程中的公平，而且也包括教学起点、教学结果方面的公平。从上述已有研究也不难看出，课堂教学公平的研究往往涉及资源分配公平、学习过程公平、教学方法公平、教学评价公平、教学效率公平等众多方面，而这些内容贯穿于整个课堂教学起点公平、过程公平、结果公平。由此可见，课堂教学公平指标体系的建构必须关注课堂教学的整体性，蕴含课堂教学起点、过程、结果三个方面的公平，舍弃其中任何一个方面的公平问题都将难以对课堂教学公平程度进行准确测量。

（三）注重主客观因素的双重作用

课堂教学公平指标体系的作用在于不仅能够测量课堂教学公平程度，而且也要能够推进课堂教学质量的提升。但正如有学者指出，“理论和模拟的量化分析、测评及其整数和平均数计算，有利于做到‘快刀斩乱麻’和把复杂事情简单化，但也容易导致‘削足适履’的后果”。① 所以，为避免类似不良影响的出现，在建构课堂教学公平指标体系时，必须综合考虑各种因素的影响。通过对上述研究的梳理与分析，影响课堂教学公平的因素大体上可以分为主观与客观两个维度，客观因素主要有教学资源、教学设施、班级规模、师资力量等，主观因素往往涉及教学信念、教学方法、教学行为等。从复杂性理论来看，“表明对立的原则和概念往往以不可分离的方式互补地联系着”。② 主观因素与客观因素并非完全分离，而是紧密地联系着，共同制约与影响着课堂教学公平。

---

① 郝文武. 课程教学公平的本质特征和量化测评[J]. 教育研究与实验，2011(05)：12－16.

② 埃德加・莫兰. 复杂性理论与教育问题[M]. 陈一壮，译. 北京：北京大学出版社，2004：3.

第四章
基于德尔菲法的课堂教学公平指标体系建构

教育指标体系是一种基于一定价值判断和价值追求，由一系列相关指标组成的系统性评估工具，是衡量与评价教育发展和人的全面发展的重要手段。① 2003 年，教育部教育发展研究中心在研究教育指标时，曾概括指出，作为一种战略工具，教育指标体系具有描述、监测、比较、评估、预测、规划六大功能。实践也表明，一项好的教育指标既能帮助我们认清当前的教育状况，也能让我们辨析到未来教育的可能走向，概括起来就是：教育指标体系既能够帮助我们进行分析与判断，也能够指导我们继续前行。

真正意义上的课堂教学公平的实现，必须回答三个基本问题：当前的课堂教学公平是什么样的？未来的课堂教学公平是什么样的？我们应该如何走向课堂教学公平？显而易见的是，对这三个基本问题的回答，始终都离不开课堂教学公平指标体系，课堂教学公平指标体系能够快速测量课堂教学公平状况，反映课堂教学公平问题，指导课堂教学的下一步走向。

"指标是理论发展的基本要素。"②一项科学、客观、可行的课堂教学公平指标体系不仅可以有效地对当前课堂教学公平进行测评，而且也能够为我们提供一种分析思路、一个视角和若干结论，有助于我们更加深入地了解与分析问题。本章主要以新教育公平视野中的课堂教学公平内涵为基础，依据课堂教学公平指标体系的价值取向，着眼于人的发展，立足于已有研究，遵循指标体系的建构原则，初步建构了课堂教学公平指标体系。随后，运用德尔菲法进行了三轮专家意见咨询，并逐步修订完善，最终形成了课堂教学公平指标体系。

---

① 高书国．教育指标体系：大数据时代的战略工具[M]．北京：北京师范大学出版社，2015.

② 何建章．中国社会指标理论与实践[M]．北京：中国统计出版社，1989：7.

一、课堂教学公平指标体系的初步建构

指标体系是一种系统性工具。① 课堂教学公平指标体系的建构是一项较为复杂的工作，必须要遵循规范的设计流程。本小节主要是通过对相关文献的阅读与梳理，以新教育公平视野下的课堂教学公平内涵为基础，以已有相关研究经验为参考，明晰了课堂教学公平指标体系的建构依据，并遵从指标体系的建构原则，初步建构了课堂教学公平指标体系。

（一）课堂教学公平指标体系的构建依据

一般而言，在正式建构课堂教学公平指标体系时，为提高指标体系的科学性、合理性、实用性，需要以一定的依据为支撑。从建构课堂教学公平指标体系的意义来看，其依据主要有：以促进学生发展为导向、以平等与差异为基本价值取向、以课堂教学基本活动为指向、立足于已有相关研究四个方面内容。

1. 以促进学生发展为导向

课堂教学公平的最终目的在于促进每个学生的全面自由发展。从本质上来看，课堂教学公平实质上可以概括为一种个体公平，追求的是“不让一个孩子掉队”“不让一个孩子落后”“一个孩子都不能差”。因此，每个个体的发展都是课堂教学公平的重要基础，这就意味着：激发不同学生的不同潜能、着眼于每个学生个体的发展是课堂教学公平的应有之义。

从课堂教学公平指标体系的建构目的来看，课堂教学公平指标体系在于测量课堂教学实际公平程度，掌握课堂教学公平实际状况，但这并不意味测量课堂教学公平程度是建构课堂教学公平指标体系的唯一目的。事实上，建构课堂教学公平指标体系的最终目的在于掌握课堂教学公平问题，改善课堂教学现状，推动课堂教学公平，提升课堂教学质量，促进所有学生的全面自由发展。从目的论视角出发，课堂教学公平指标体系的建构要回归教学本质，以促进学生发展为导向。在这里，以促进学生发展为导向意味着课堂教学公平指标体系的建构要关注到每个学生，理解学生作为“完整”的个体的特性。所谓“完整”的学生包括作为整体的学生、作为群体的学生、作为个体的学生

① 高书国. 教育指标体系：大数据时代的战略工具[M]. 北京：北京师范大学出版社，2015.

三个方面。其中，作为整体的学生是基于人的共性而提出来的，强调的是人与人之间所具有的共同属性；作为群体的学生是基于群体间的差异性而提出来的，强调的是某一类群体所具有的共性；作为个体的学生则是基于个体的独特性而提出来的，强调的是个体的个性。

2. *以平等与差异为基本价值取向*

指标体系并非只是一个个简单的指标名称的堆砌，也并非只是一组组简单的指标数据的呈现，还是一种价值体现，蕴含着价值选择。正如东北师范大学邬志辉教授在《学校教育现代化指标体系的建构设想》一文中所说："指标体系的设计与建构不只是一个逻辑实证的过程，还是一种哲学思维的过程，它体现着一种哲学情怀。"①任何指标体系的建构都离不开价值取向的指引。价值取向引导着指标的选择、确定与形成。当我们选择不同的价值取向时，就会形成不同的指标体系，因此，关注价值取向是构建课堂教学公平指标体系的关键。

从逻辑关系来看，课堂教学公平指标体系服务于课堂教学公平的测量、改善与发展，那么，课堂教学公平指标体系的价值取向就离不开课堂教学公平内涵的指引。换句话说，课堂教学公平关注"什么"，课堂教学公平指标体系就要关注"什么"。在前文中，基于人的双重属性，人们已达成了一种共识，即没有平等就谈不上公平、没有差异就不存在公平，因此，可以说，平等与差异是衡量课堂教学公平与否的关键。所以，课堂教学公平的基本价值取向具有双重性，既要重视平等性公平，又要关注差异性公平。运用等量代换的基本原理，可将平等与差异视为建构课堂教学公平指标体系的基本价值取向。

课堂教学公平指标体系的建构以平等为基本价值取向，意味着课堂教学公平指标的选取要以人的共性为出发点，考虑到课堂教学中平等对待每个学生的方方面面，折射出平等性公平的表现形式；将差异视为建构课堂教学公平指标体系的基本价值取向，则意味着课堂教学公平指标体系要以"作为群体的学生"和"作为个体的学生"为基础，能够反映课堂教学中存在的差异性公平，考虑到涉及影响课堂教学差异性公平的各个要素，折射出差异性公平的表现形式。

3. *以课堂教学基本活动为指向*

指标是构成指标体系的基本要素。不同类型的指标体系由不同的指标

---

① 邬志辉. 学校教育现代化指标体系的建构设想(上)[J]. 中小学管理，2004(07)：26-28.

所构成。课堂教学公平指标体系是针对课堂教学公平而建构的系统性工具，针对的是课堂教学活动中的公平问题。因此，课堂教学公平指标理应关涉课堂具体教学活动中的公平问题。

按照教育公平发展的阶段性特征来看，在讨论课堂教学公平时，我们也可以将课堂教学公平分为起点公平、过程公平和结果公平。起点公平往往强调同等对待每个人，过程公平往往强调不同对待不同的人，结果公平则强调每一个人都能得到适合的发展，成为最好的自己。因为着力点不同，所以，在不同的阶段，其基本活动的构成要素是不同的。显而易见的是，起点公平往往涉及教学权利、教学机会、教学资源等方面的分配活动；过程公平主要包括提问、发言、练习、师生互动等一系列具体活动；结果公平则主要包括评价、测评、考查等基本活动。前文讲到，课堂教学公平指标体系贯穿于整个课堂教学活动。基于此，在课堂教学公平指标体系建构过程中，指标的选取要指向课堂教学基本活动，涉及起点公平、过程公平、结果公平每一阶段的基本教学活动。

4. 立足于已有相关研究

当前，尽管国内外对课堂教学公平指标体系没有专门系统的研究，但并不缺乏与之相关联的研究，从上一章节可以看出，无论是教育过程公平指标体系，还是教育现代化指标体系，国内外很多相关研究对课堂教学公平指标体系的建构都有很强的借鉴意义。而立足于已有相关研究，既可以从中受到启发，也可以帮助我们更好地选择与确定指标，进而形成分析框架。同时，已有相关政策文件也是制定课堂教学公平指标体系的重要依据，既能够为指标体系的建构提供政策支撑，也能够为指标的确定提供可参考“样式”。如《国家中长期教育改革和发展规划纲要（2010—2020 年）》《教育部关于推进中小学教育质量综合评价改革的意见》等等。

（二）课堂教学公平指标体系的建构原则

有人曾形象地将指标体系比喻为一个“生命体”，其中，价值体系是灵，逻辑体系是筋，结构框架是骨，具体指标是肉，鲜活的数据是指标体系中流动的血液。① 可见，指标体系是一个完整的“整体”，不但要有具体的指标，还要有科学的框架结构、合理的思维体系、精准的价值体系，因此，建构一个指标体

① 高书国.教育指标体系：大数据时代的战略工具[M].北京：北京师范大学出版社，2015：80.

系实际上是一项十分繁杂的工程。

在课堂教学公平指标体系的建构起始环节中，不但要从明确的依据出发，确定各项指标名称，而且也要坚守必要的建构原则，厘清各项指标之间的内在关联性，有机地进行划分、组合，初步形成指标体系框架。课堂教学公平指标体系的建构原则是设计和建构课堂教学公平指标体系过程中需要遵从的一般规则，对课堂教学公平的建构有着十分重要的引领作用。如图 4.1 所示，课堂教学公平指标体系的建构需要秉持全面性原则、层次性原则、简约性原则、可操作性原则。

1. 全面性原则

课堂教学公平具有深刻而丰富的内涵，它涵盖的是整个课堂教学中的公平而不仅仅涉及教学中某一方面的孤立的公平，包括课堂教学的起点公平、过程公平以及结果公平，是一种复合式公平，既包括“分配”正义，也包括“承认”正义；课堂教学公平的程度既表现在客观事实方面，也体现在个人的主观体验上；既体现在“正面事件”上，也体现在“负面事件”中，这些都是构成课堂教学公平指标体系的基本要素。因此，指标体系要尽可能全面地反映课堂教学公平涉及的各个问题，避免遗漏主要内容。当然，这里所说的全面也并非是面面俱到，而是充分选取代表性较强的相关指标，使指标能够更加全面、有效地检测公平程度。

2. 层次性原则

指标体系具有整体价值和结构价值，这是单一指标所无法比拟的。① 尽管指标是指标体系的“基本单位”，但课堂教学公平指标体系的建构绝不是简单地将单一的课堂教学指标进行罗列，更不是将相关指标进行简单叠加。指标体系是一个多层面、多目标、多要素的整体。课堂教学公平指标体系的设计要遵循层次性原则，根据指标间的内在逻辑结构进行划分，将其分为若干个子系统，各子系统之间既相互联系，又相互独立；然后再逐层进行细化，每个子系统又包含若干个指标，避免指标重复出现，使指标结构框架清晰可见；同时，坚持层次性建构原则，又可避免关键指标的遗漏，使指标体系全面而丰富。

3. 简约性原则

经验表明，指标体系的简约性与其影响往往成正比。换句话说，指标体

① 高书国. 教育指标体系：大数据时代的战略工具[M]. 北京：北京师范大学出版社，2015：265.

系越简约，其影响力越大，反之，则越小。一个最简单的例子是，联合国制定的"人类发展指数"（Human Development Index），尽管该指标只有GDP、人均预期寿命以及教育指数三个指标，但却因其清晰、明了、简约而得以被广泛使用。同时，从逻辑思维出发也可以认识到，过于繁多的指标、过于复杂的指标体系，往往晦涩难懂，使人费解，不利于指标体系作用的发挥。基于此，课堂教学公平指标体系的建构必须以简约为基本原则，处理好影响课堂教学公平的基本要素之间的关系，处理好指标与指标之间的联系，避免重复使用意义相同的指标。但是简约并非完全等于简单，简约原则并不意味着越少越好，而是在能够涵盖所有基本要素的前提下的"精炼"，去除无意义的重复性指标。

4. 可操作性原则

课堂教学公平指标体系是教学公平理论与教学实践之间的桥梁和中介，课堂教学公平指标体系的建构是为了测得出公平，推得进公平。显而易见的是，如果设计出来的指标体系缺乏可操作性，如同挂历上的花瓶，"中看不中用"，难以将其运用于实践之中，那么，毫无疑问，无论多么完美的指标体系，其实都是失败的。因此，课堂教学公平指标体系的建构必须遵循可操作性原则，在使用专业话语进行表述的同时也要清晰、明了，使人"既看得懂，也想得清"，力求使所有指标都建立在一定的统计数据的基础之上，或者使所有指标都能通过问卷、查询、观察、访谈等调查方法而获得较准确的数据，为指标体系注入血液。

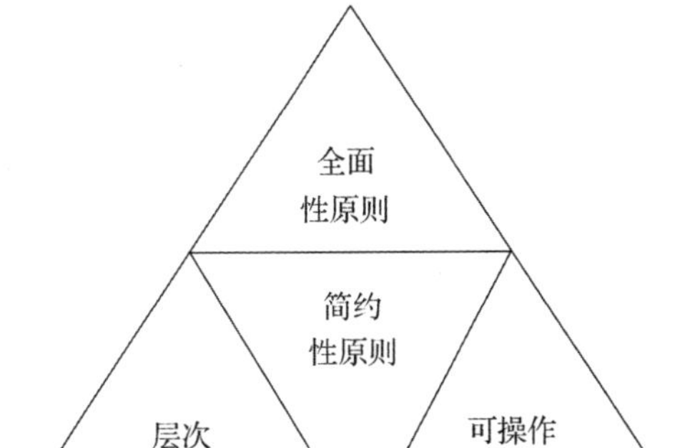

图4.1　课堂教学公平指标体系建构原则示意图

（三）课堂教学公平指标体系的初步确立

在文献阅读的基础上，通过对课堂教学公平指标体系的相关研究内容进行整理与分析，将其共同关注点进行汇总，笔者发现平等性公平（权利尊重、机会获得、资源共享、尊严平等等）与差异性公平（因材施教、选择多样、评价多元等）是研究课堂教学公平的共同关注点所在。

因此，可将“平等对待每个学生”与“差别对待不同学生”设定为两个课堂教学公平的一级指标。随后，结合课堂教学公平的内涵，着眼于教学结果公平，根据现有的课堂教学公平特征（平等性、差异性、发展性）研究，在框架体系中的一级指标里又增设了发展性公平指标，即“关注每个学生的发展”。同时，考虑到教学公平是一种微观的教育公平，除了事实的呈现以外，还包括个人的主观体验，因此，在一级指标分析框架中又增加了“公正体验”指标。另外，课堂教学公平程度还可以通过课堂教学中发生的“负面事件”进行衡量，为辅助性地测评课堂教学公平，“反向指数”被纳入一级指标框架之内，初步建构了课堂教学公平指标体系。如图 4.2 所示，“过多无益，过少不可”，综合考虑之后，笔者将整个指标体系共分为三个等级，三级指标之间形成了“洋葱模型”。一级指标是体系结构内第一层次的指标，主要是从上述五个方面进行了划分；二级指标是指标体系结构内第二层次的指标，反映了一级指标提供属性的主要内容；以此类推，三级指标则反映了二级指标所提供的主要内容。

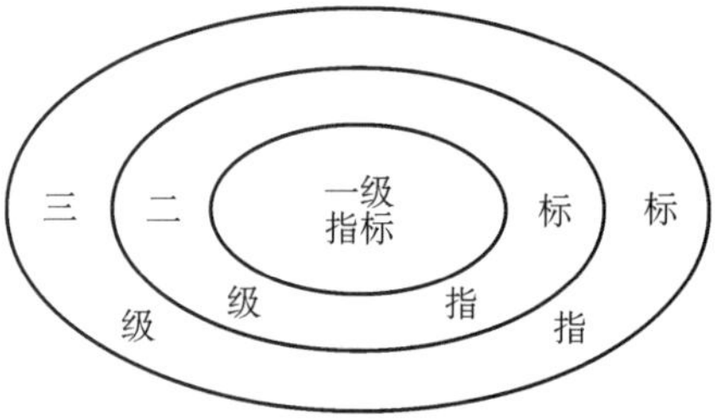

图 4.2　课堂教学公平指标体系洋葱模型图

1. 一级指标的确立

课堂教学公平贯穿于整个课堂教学活动。本指标框架分为 5 个一级指标，即平等对待每个学生、差别对待不同学生、关注每个学生的发展、公正体验和反向指数。平等对待每个学生是基于共同的人性而提出来的，凸显的是一种完全绝对的公平状态。差别对待不同学生是基于个体的差异性而提出来的，强调的是一种相对的、有差别的公平状态。关注每个学生的发展是着眼于人的发展需求，强调的是包括弱势群体、精英群体在内的每个人的得其应得。公正体验强调的是个体的主观公平判断，是针对公平的主观性而言的。反向指数是针对一些背离公平的事件而言的，反向指数越高，说明教学公平程度越弱，存在的公平问题越突出；反之，则说明课堂教学公平程度越高，问题越少。

2. 二级、三级指标的确立

教育指标体系能够有效地对教育现状、特点和问题进行描述，但仅靠一级指标难以发挥指标体系的功能。为了提高指标的可操作性，需要对一级指标进行进一步细化。因此，把 5 个一级指标进一步细化为 13 个二级指标以及包括教学特权、教学歧视、教学排斥、教学羞辱在内的具体指标，再将每一个二级指标进行细化，分为 39 个三级指标，由此基本形成了课堂教学公平指标体系，如表 4.1 所示。

表 4.1　课堂教学公平指标体系框架

一级指标	二级指标	三级指标
A1 平等对待每个学生	B1 身份平等	C1 生生平等
		C2 师生平等
	B2 权利平等	C3 参与权
		C4 发言权
		C5 表达权
		C6 交流权
	B3 资源分配合理	C7 空间资源分配
		C8 教学时间分配
		C9 教学资料分配
		C10 教辅用具分配
	B4 机会平等	C11 提问的机会
		C12 发言的机会
		C13 师生互动的机会
		C14 学习交流的机会
		C15 获得评价的机会
		C16 作业练习的机会

（续表）

一级指标	二级指标	三级指标
A2 差别对待不同学生	B5 选择多样	C17 满足不同学生的不同兴趣
		C18 符合学生学习能力方面的差异
		C19 适应不同学生的不同学习风格
	B6 因材施教	C20 分组教学
		C21 弹性教学
		C22 个别化教学
	B7 多元评价	C23 学生参与
		C24 标准多元
		C25 方式多样
A3 关注每个学生的发展	B8 共同发展	C26 大众学生的发展
		C27“弱势”学生的发展
		C28 优秀学生的发展
	B9 全面发展	C29 所有学生的健康发展
		C30 每个学生的综合发展
	B10 个性发展	C31 适合的发展
		C32 个性的形成
A4 公正体验	B11 爱的关怀	C33 归属感
		C34 信赖感
	B12 平等的尊重	C35 师生尊重
		C36 生生尊重
	B13 成就的赞许	C37 自豪感
		C38 满意度
		C39 幸福感
A5 反向指数	教学特权、教学歧视、教学排斥、教学羞辱	

二、基于第一轮德尔菲问卷的修订

指标体系是“指标对话”的产物。“指标对话”是对指标进行选择的过程，往往发挥着“海选”的作用，贯穿于整个指标体系的建构过程，目的在于在选择中不断修改完善指标体系。在初步建构了课堂教学公平指标体系之后，仍然还需要对各项指标进行选择。选择指标是一个极为复杂的过程，既要删除“不合意”指标，也要修改“表述欠缺”指标，还要增设遗漏指标。常见的指标选择方法是美国兰德公司在1946年创始实行的德尔菲法(Delphi Method)，运用德尔菲法展开“对话”，能够对各项指标的适切性进行判断与修订。德尔菲法亦称为专家咨询法，是一种使群体间趋于达成共识的方法。该方法在于充分利用专家的既往经验，对基于文献综述而初构的指标体系进行筛选，从而使初构的指标体系得到修订、检验，进而获得良好的内容效度。① 与其他方法相比，德尔菲法的优势在于，不仅能够节省成本，而且也能够充分利用专家的经验和学识，及时根据专家意见进行修改，能够有效避免出现讨论和决策被某个个体所垄断的情况，提高结果的准确性，等等。

(一) 第一轮德尔菲问卷的制定与发放

第一轮德尔菲法的运用主要目的在于对指标体系的内容进行意见征集和反馈。为此，第一轮德尔菲问卷的编制主要在于对指标体系的每一级指标及其名称的适切性进行评判。问卷分为四列：第一列为指标名称，第二、三列分别为合适、不合适，第四列为理由或建议。其中，合适与不合适选项是为了方便专家表明立场，对各级指标的适切性进行直接评判；第四列则是为了方便专家指出问题所在，如用词不当、语法错误、表述错误等，或者专家对不合适的指标提出的修改意见等都可以写在此列。另外，在对每一级每一个指标名称进行评判之后，问卷还设置了“增加或删减指标”一栏，目的在于当指标体系中有遗失或者多余的指标时，专家可在此进行补充说明。具体问卷见附录一“课堂教学公平指标体系研究(第一轮专家意见征询问卷)”。

---

① 姜涛. 物理探究课有效教学评价指标体系构建研究[D]. 重庆：西南大学，2013.

鉴于课堂教学公平既有理论方面的研究，也需要实践工作的认知，既是一个理论问题，也是一个实践问题，因此，为验证课堂教学公平指标体系的准确性，在发放德尔菲问卷时，既选取了在课堂公平、教学公平、教育过程公平等方面有所研究的高校教育理论工作者，也选取了中小学一线教育工作者。

（二）第一轮德尔菲问卷的反馈情况统计与分析

通常情况下，运用德尔菲法时，所选择的专家人数应控制在10—20人左右。但鉴于当前学术界对课堂教学公平指标体系的专门研究较少，所以，为了更好地检验初步建构的课堂教学公平指标体系，在第一轮专家意见咨询过程中，适当地对德尔菲咨询专家人数进行了扩大，最终确定向30名高校教育理论工作者和20名中小学一线教育工作者发放问卷，并对有效问卷进行了统计与分析。

1. 问卷回收情况

第一轮德尔菲问卷共发放50份，回收32份，回收率为64%。通过问卷整理，剔除空白选项、重复选项等无效问卷共6份，最终得到有效问卷26份，有效率约为81%，具体情况如表4.2所示。

表4.2　第一轮德尔菲问卷统计表

	发放问卷数	回收问卷数	有效问卷数
高校教育理论工作者	30	20	19
中小学一线教育工作者	20	12	7
总计	50	32	26

2. 各级指标体系所占比例

通过对第一轮有效问卷的整理分析发现，无论是肯定部分，还是否定部分，专家们对初构的指标体系所持意见基本一致。如表4.3所示，专家们认为初构的指标体系中大部分内容符合课堂教学公平特性，是非常有必要的，但对部分指标也提出了质疑，阐述了个人看法，并为指标体系的进一步修改提供了宝贵意见与建议。

表 4.3　第一轮德尔菲问卷的课堂教学公平指标体系比例统计表

一级指标	建议纳入比例	二级指标	建议纳入比例	三级指标	建议纳入比例
A1 平等对待每个学生	1	B1 身份平等	1	C1 生生平等	1
				C2 师生平等	1
		B2 权利平等	1	C3 参与权	1
				C4 发言权	0.23
				C5 表达权	0.77
				C6 交流权	0.27
		B3 资源分配合理	1	C7 空间资源分配	1
				C8 教学时间分配	1
				C9 教学资料分配	0.92
				C10 教辅用具分配	1
		B4 机会平等	0.88	C11 提问的机会	1
				C12 发言的机会	1
				C13 师生互动的机会	0.92
				C14 学习交流的机会	0.38
				C15 获得评价的机会	1
				C16 作业练习的机会	0.85
A2 差别对待不同学生	1	B5 选择多样	0.85	C17 满足不同学生的不同兴趣	1
				C18 符合学生学习能力方面的差异	1
				C19 适应不同学生的不同学习风格	1
		B6 因材施教	1	C20 分组教学	1
				C21 弹性教学	0.69
				C22 个别化教学	1
		B7 多元评价	0.96	C23 学生参与	0.38
				C24 标准多元	0.96
				C25 方式多样	0.96

（续表）

一级指标	建议纳入比例	二级指标	建议纳入比例	三级指标	建议纳入比例
A3 关注每个学生的发展	0.85	B8 共同发展	0.92	C26 大众学生的发展	0.38
				C27“弱势”学生的发展	1
				C28 优秀学生的发展	1
		B9 全面发展	0.42	C29 所有学生的健康发展	0.46
				C30 每个学生的综合发展	0.58
		B10 个性发展	0.35	C31 适合的发展	0.96
				C32 个性的形成	1
A4 公正体验	0.96	B11 爱的关怀	0.85	C33 归属感	1
				C34 信赖感	1
		B12 平等的尊重	0.85	C35 师生尊重	0.85
				C36 生生尊重	0.85
		B13 成就的赞许	0.89	C37 自豪感	1
				C38 满意度	1
				C39 幸福感	0.38
A5 反向指数	0.92	教学特权、教学歧视、教学排斥、教学羞辱			1

（三）基于第一轮德尔菲问卷的修订

依据第一轮德尔菲问卷的统计结果，结合专家们对指标体系提出的意见和建议，笔者对初构的课堂教学公平指标体系进行了如下调整与修改。

1. 指标调整与合并

在第一轮德尔菲专家咨询结束以后，根据专家们的反馈意见，笔者对课堂教学公平指标体系进行了适当的调整，主要包括三方面的内容。首先，对指标编号进行了调整，将一级指标由原来的 A1、A2、A3、A4、A5 调整为 A、B、C、D、E，二级指标调整为 A1、A2、B1、B2、C1、C2、D1、D2 等，三级指标调整为 A1.1、A1.2、B1.1、B1.2 等等。其次，根据专家们的提示，对一级指标的表述进行了修改，将“平等对待每个学生”改为“平等性公平”，将

“差别对待不同学生”改为“差异性公平”,将“关注每个学生的发展”改为“发展性公平”。然后,结合专家意见,对部分指标名称的语言表述进行了调整,具体包括:将C23“学生参与”调整为“评价主体多元”,C24“标准多元”调整为“评价内容多维”,C25“方式多样”调整为“评价方式多样”,对公正体验下面的二级指标、三级指标的表述进行了调整,将B11、B12、B13分别改为“信任感”“公平感”“成就感”,信任感包括信任老师、信任同学、被老师和同学信任,公平感包括受到公正对待、得到平等尊重,成就感包括自豪感和满意度。最后,合并并修改了部分指标,具体包括:将B5与B6进行了合并,并修改为“多样教学”。

2. 指标增加

从专家们的反馈来看,需要增加部分指标,以使其体系更加完善。根据相关意见来看,部分专家建议在二级指标“权利平等”中的三级指标里增加“知情权”指标。考虑到学生作为课堂学习的主体,理应对课堂教学目标、教学内容、教学方法等内容有所了解,因此,在三级指标中增添了“知情权”,将之编号为A2.3。

3. 指标删除

从专家们的反馈来看,需要对指标进行筛选,删除部分指标。近60%的专家在问卷最后表示指标数量过多,建议进行筛选。综合专家意见,在新一轮问卷修改中,暂时没有对一级指标以及建议纳入比例未超过0.85的部分指标进行修改,只对部分在内容方面相似或者重复和交叉的指标进行了删除。具体包括:二级指标B8与B9内涵有所重复,结合专家意见,删除二级指标B9及其相对应的三级指标C29、C30;三级指标中,C4、C5、C6三者之间有所重复,75%的专家认为表达权包含了发言权和交流权,故删除C4与C6;C13与C14有所重复,根据专家对两者的选择比例,保留C13,删除C14;此外,因对部分二级指标进行了调整,故删除了部分三级指标,有C20、C21、C22、C33、C34、C35、C36、C39。修改后的指标体系如表4.4所示。

表 4.4　基于第一轮德尔菲问卷修改的课堂教学公平指标体系

一级指标	二级指标	三级指标
A 平等性公平	A1 身份平等	A1.1 生生平等
		A1.2 师生平等
	A2 权利平等	A2.1 参与权
		A2.2 表达权
		A2.3 知情权
	A3 资源分配合理	A3.1 空间资源分配
		A3.2 教学时间分配
		A3.3 教学资料分配
		A3.4 教辅用具分配
	A4 机会平等	A4.1 提问的机会
		A4.2 发言的机会
		A4.3 师生互动的机会
		A4.4 获得评价的机会
		A4.5 作业练习的机会
B 差异性公平	B1 多样教学	B1.1 满足不同学生的不同兴趣
		B1.2 符合学生学习能力方面的差异
		B1.3 适应不同学生的不同学习风格
	B2 多元评教	B2.1 评价主体多元
		B2.2 评价内容多维
		B2.3 评价方式多样
C 发展性公平	C1 共同发展	C1.1 大众学生的发展
		C1.2 “弱势”学生的发展
		C1.3 优秀学生的发展
	C2 个性发展	C2.1 适合的发展
		C2.2 个性的形成

（续表）

一级指标	二级指标	三级指标
D 公正体验	D1 信任感	D1.1 信任老师
		D1.2 信任同学
		D1.3 被老师和同学信任
	D2 公平感	D2.1 受到公正对待
		D2.2 得到平等尊重
	D3 成就感	D3.1 自豪感
		D3.2 满意度
E 反向指数	E1 教学特权、E2 教学歧视、E3 教学排斥、E4 教学羞辱	

三、基于第二轮德尔菲问卷的修订

通过对第一轮德尔菲问卷的整理分析，结合专家们的反馈意见，对初构的指标体系进行了增删、修订，形成了新的课堂教学公平指标体系。依据新的指标体系框架，笔者编制了第二轮专家意见征询问卷（见附录二）。本次问卷的编制依据与第一轮问卷的编制思路基本一致。

（一）第二轮德尔菲问卷的反馈情况统计与分析

1. 第二轮德尔菲问卷的回收情况

不同于第一轮德尔菲问卷的发放，在第二轮德尔菲专家意见咨询过程中，问卷发放总量有所减少，共发放 15 份，回收 13 份，回收率约为 87%。通过问卷整理发现，本次问卷回收无效问卷 0 份，有效率高达 100%。

2. 各级指标体系占的比例

通过对第二轮回收问卷的整理分析发现，专家们对第二轮指标体系的设定给予了详细的指导意见。如表 4.5 所示，专家们认为在第二轮指标体系中，指标体系的内容基本符合课堂教学公平特性，但对部分指标的表述提出了宝贵的修改意见，与此同时，专家们也提出了一些还需要进行添加的指标。依据专家建议纳入比例，为使指标体系更趋于科学化，笔者继续删除并增加了部分指标。

表 4.5　第二轮德尔菲问卷的课堂教学公平指标体系比例统计表

一级指标	建议纳入比例	二级指标	建议纳入比例	三级指标	建议纳入比例
A 平等性公平	1	A1 身份平等	0.92	A1.1 生生平等	0.92
				A1.2 师生平等	0.92
		A2 权利平等	1	A2.1 参与权	1
				A2.2 表达权	1
				A2.3 知情权	1
		A3 资源分配合理	1	A3.1 空间资源分配	1
				A3.2 教学时间分配	1
				A3.3 教学资料分配	0.85
				A3.4 教辅用具分配	0.85
		A4 机会平等	1	A4.1 提问的机会	1
				A4.2 发言的机会	1
				A4.3 师生互动的机会	0.62
				A4.4 获得评价的机会	0.92
				A4.5 作业练习的机会	1
B 差异性公平	1	B1 多样教学	1	B1.1 满足不同学生的不同兴趣	1
				B1.2 符合学生学习能力方面的差异	1
				B1.3 适应不同学生的不同学习风格	1
		B2 多元评教	0.85	B2.1 评价主体多元	0.62
				B2.2 评价内容多维	0.92
				B2.3 评价方式多样	1
C 发展性公平	0.62	C1 共同发展	0.38	C1.1 大众学生的发展	0.38
				C1.2 “弱势”学生的发展	1
				C1.3 优秀学生的发展	1
		C2 个性发展	1	C2.1 适合的发展	1
				C2.2 个性的形成	1

（续表）

一级指标	建议纳入比例	二级指标	建议纳入比例	三级指标	建议纳入比例
D 公正体验	0.92	D1 信任感	1	D1.1 信任老师	1
				D1.2 信任同学	1
				D1.3 被老师和同学信任	1
		D2 公平感	1	D2.1 受到公正对待	1
				D2.2 得到平等尊重	0.85
		D3 成就感	0.62	D3.1 自豪感	0.54
				D3.2 满意度	1
E 反向指数	0.85	E1 教学特权、E2 教学歧视、E3 教学排斥、E4 教学羞辱			1

（二）基于第二轮德尔菲问卷的修订

与第一轮德尔菲问卷统计结果不同的是，在第二轮德尔菲问卷填写过程中，除了对各级各类指标的适切性进行评价以外，专家们对各级各类指标的表述也提出了修改建议。结合专家们的意见，笔者再次对新建的课堂教学公平指标体系进行了如下修改。

1. 指标调整与合并

在第二轮专家咨询过程中，专家们对指标体系框架提出了较多的修改意见。如表 4.5 所示，就部分指标而言，尽管专家建议纳入比例较高，但也提出要对其表述进行修改。通过对第二轮德尔菲问卷的整理与分析，对课堂教学公平指标体系的修改主要包括两方面内容。一方面，对具体指标表述进行了修改，将 A“平等性公平”改为“平等对待”，将 A3“资源分配合理”修改为“资源分配公平”，将 A4.5“作业练习的机会”改为“获得练习的机会”。另一方面，对部分重复指标进行了合并，就一级指标而言，将 B 修改为“不同对待”，删除了 C“发展性公平”，并将其部分二级、三级指标归属于一级指标“不同对待”中；就二级指标而言，将 B1“多样教学”与 B2“多元评教”进行了合并，修改为 B1“因材施教”，并将之前一级指标“发展性公平”下的三级指标“‘弱势’学生的发展”与“优秀学生的发展”重新归位于一级指标“不同对待”下的二级指标，分别设置为 B2“关注‘弱势’学生”、B3“关注优秀学生”；就三级指标而言，将原 C2. 2“个性的形成”归属于 B1“因材施教”，命名为 B1. 4“满足不同学生个性发展的要求”，将原 D1. 3“被老师和同学信任”拆分为 C1. 3“被老师信任”和 C1. 4“被同学信任”。

2. 指标增加

在第二轮指标体系修改过程中，为更加详细地说明二级指标，且在不啰嗦重复的前提下，又适当地增加了部分三级指标，主要有：B2. 1“考虑到‘弱势’群体学生”；B3. 1“为学习能力较强的学生提供适合的教学”；C2. 1“得到适合的教学”。

3. 指标删除

依据第二轮专家问卷咨询结果，删除的指标有：A3. 3“教学资料分配”；A4. 3“师生互动的机会”；D3“成就感”；D3. 1“自豪感”。

此外，结合专家们的意见，将三级指标 D3. 2“满意度”设置为二级指标，编号为 C3 并增设了三级指标 C3. 1“对课堂教学感到满意”。修改后的指标体系如表 4. 6 所示。

表 4. 6 基于第二轮德尔菲问卷修改的课堂教学公平指标体系

一级指标	二级指标	三级指标
A 平等对待	A1 身份平等	A1. 1 生生平等
		A1. 2 师生平等
	A2 权利平等	A2. 1 参与权
		A2. 2 表达权
		A2. 3 知情权
	A3 资源分配公平	A3. 1 空间资源分配
		A3. 2 教学时间分配
		A3. 3 教辅用具分配
	A4 机会平等	A4. 1 提问的机会
		A4. 2 发言的机会
		A4. 3 获得评价的机会
		A4. 4 获得练习的机会

（续表）

一级指标	二级指标	三级指标
B 不同对待	B1 因材施教	B1.1 满足不同学生的不同兴趣
		B1.2 符合学生学习能力方面的差异
		B1.3 适应不同学生的不同学习风格
		B1.4 满足不同学生个性发展的要求
	B2 关注“弱势”学生	B2.1 考虑到“弱势”群体学生
	B3 关注优秀学生	B3.1 为学习能力较强的学生提供适合的教学
C 公正体验	C1 信任感	C1.1 信任老师
		C1.2 信任同学
		C1.3 被老师信任
		C1.4 被同学信任
	C2 公平感	C2.1 得到适合的教学
		C2.2 受到公正对待
	C3 满意度	C3.1 对课堂教学感到满意
D 反向指数	D1 教学特权、D2 教学歧视、D3 教学排斥、D4 教学羞辱	

四、基于第三轮德尔菲问卷的完善

通过对第二轮德尔菲问卷的整理分析，结合专家们的反馈意见，笔者对指标体系做了调整、增加、删除等修改以后，形成了新的课堂教学公平指标体系。依据新的指标体系框架，编制了第三轮专家意见征询问卷（见附录三）。第三轮专家问卷的编制依旧与第一轮和第二轮问卷编制的思路基本一致。唯一不同的是，在本次问卷编制过程中，设置了影响程度高低排序一栏，邀请专家们针对各级各类指标对课堂教学公平影响程度的高低进行排序，目的在于方便后续指标权重的确定与研究，明晰各项指标所占比重。

（一）第三轮德尔菲问卷回收情况

第三轮德尔菲问卷的发放数量以及对象与第二轮相近，共发放 13 份，在指定时间内，回收 12 份，回收率约为 92%。通过问卷整理发现，本次回收无效问卷 1 份，有效率约为 92%。

（二）基于第三轮德尔菲问卷的完善

在第三轮德尔菲法问卷调查过程中，专家们对本次编制的课堂教学公平指标体系给予了高度肯定，大部分指标建议纳入比例均大于 0.9。从专家反馈情况来看，专家们对二级指标 B2“关注‘弱势’学生”和 C3“满意度”下面的三级指标提出了修改意见，认为这两项二级指标下的三级指标太过笼统，可操作性较差，因此，在本次修改过程中，删除了 B2.1“考虑到‘弱势’群体学生”和 C3.1“对课堂教学感到满意”，修改为 B2.1“考虑到学习能力较弱的学生”，B2.2“照顾到家庭困难的学生”，C3.1“对学习效果感到满意”和 C3.2“对教师教学行为或态度感到满意”4 个三级指标，形成了最终的课堂教学公平指标体系。

第五章
课堂教学公平指标体系的框架及其解释

通过三轮德尔菲专家咨询问卷的发放，结合专家们的意见和建议，笔者对初构的课堂教学公平指标体系进行了反复修改与完善，确定了各级各类指标，最终形成了课堂教学公平指标体系。本章首先对最终建构的课堂教学公平指标体系框架进行简要介绍，并梳理各级各类指标间的关系；紧接着，利用第三轮德尔菲专家咨询问卷，根据专家们对各级各类指标的排序，运用矩阵对偶法，确定各级各类指标权重，明晰各项指标在指标体系中所占的比重，揭示各项指标在整个指标体系中的“重要”程度；随后，对课堂教学公平指标体系的内容进行解释说明，以增强人们对课堂教学公平指标体系的认知；在此基础上，设定具有可操作性的指标标准，服务于指标体系的开发与运用。

一、课堂教学公平指标体系框架

课堂教学公平指标体系框架并不是一蹴而就的。该框架立足于新教育公平视野下的课堂教学公平内涵，并遵循了一定的指标体系建构原则。在初步建构了课堂教学公平指标体系之后，运用德尔菲专家咨询法展开“对话”，进行了三轮专家意见咨询，不断对指标体系进行选择、修改，反复完善，最终才形成了课堂教学公平指标体系框架，如表 5.1 所示。

表 5.1 课堂教学公平指标体系框架

一级指标	二级指标	三级指标
A 平等对待	A1 身份平等	A1.1 生生平等
		A1.2 师生平等
	A2 权利平等	A2.1 参与权
		A2.2 表达权
		A2.3 知情权

（续表）

一级指标	二级指标	三级指标
A 平等对待	A3 资源分配公平	A3.1 空间资源分配
		A3.2 教学时间分配
		A3.3 教辅用具分配
	A4 机会平等	A4.1 提问的机会
		A4.2 发言的机会
		A4.3 获得评价的机会
		A4.4 获得练习的机会
B 不同对待	B1 因材施教	B1.1 满足不同学生的不同兴趣
		B1.2 符合学生学习能力方面的差异
		B1.3 适应不同学生的不同学习风格
		B1.4 满足不同学生个性发展的要求
	B2 关注“弱势”学生	B2.1 考虑到学习能力较弱的学生
		B2.2 照顾到家庭困难的学生
	B3 关注优秀学生	B3.1 为学习能力较强的学生提供适合的教学
C 公正体验	C1 信任感	C1.1 信任老师
		C1.2 信任同学
		C1.3 被老师信任
		C1.4 被同学信任
	C2 公平感	C2.1 得到适合的教学
		C2.2 受到公正对待
	C3 满意度	C3.1 对学习效果感到满意
		C3.2 对教师教学行为或态度感到满意
D 反向指数	D1 教学特权、D2 教学歧视、D3 教学排斥、D4 教学羞辱	

（一）指标体系的基本构成

如表 5.1 所示，本研究最终所建构的课堂教学公平体系由 4 个一级指标、14 个二级指标、27 个三级指标构成。其中，一级指标由平等对待、不同对待、公正体验、反向指数四部分构成，一级指标平等对待包括身份平等、权利平等、资源分配公平、机会平等 4 个二级指标；不同对待包括因材施教、关注“弱势”学生、关注优秀学生 3 个二级指标；公正体验包括信任感、公平感、满意度 3 个二级指标；反向指数包括教学特权、教学歧视、教学排斥、教学羞辱 4 个二级指标。除反向指数下的二级指标未设置三级指标以外，其他 10 个二级指标均设置了相应的三级指标。整体来看，课堂教学公平指标始终以人的发展为出发点和落脚点，不仅遵循了人的共性，而且也考虑到了个体的差异性；既涉及课堂教学公平中存在的实质性问题，也清楚地呈现了影响课堂教学公平的因素；既容纳了客观方面的要素，也体现了主观方面的要素；既包括对正面事实的回应，也显示了“负面事件”的存在。

（二）各级指标之间的关系

课堂教学公平指标体系中各级指标之间的关系看上去类似于“洋葱模型”，“一层一层，层层递进，层层分明”。其中，一级指标始终处于核心，具有很强的概括性。二级指标处于第二层次，目的在于更好地反映一级指标，说明一级指标中所涉及的内容。以此类推，三级指标是为了说明二级指标所包含的内容，往往能够较为详细地描述课堂教学中涉及的公平问题，内容相对比较具体，概括性相对较弱。如图 5.1 所示，课堂教学公平指标体系中，各级指标呈现如下关系。

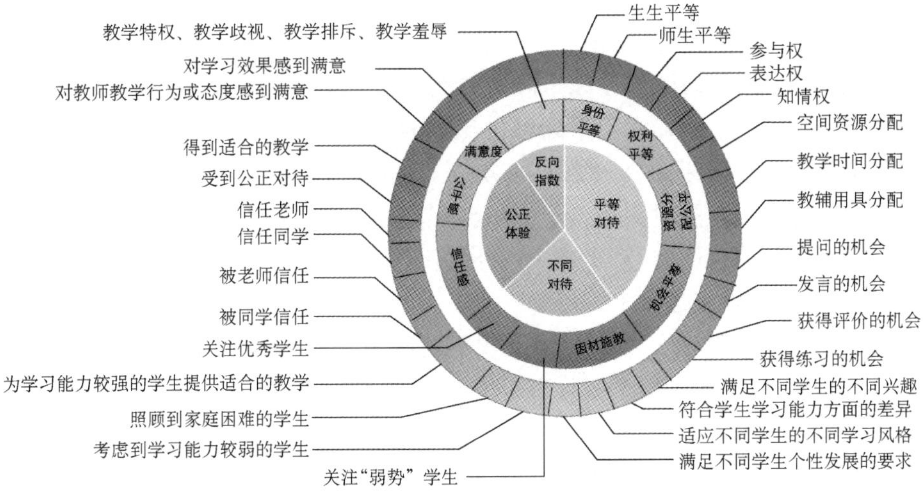

图 5.1　课堂教学公平各级指标关系示意图

二、课堂教学公平指标权重的确定

指标体系由指标构成，但每一项指标在整个指标体系框架中所发挥的作用、所处的地位和所占的比例都是不同的。通常情况下，我们习惯于用权重来表示不同指标所占的不同比例。所谓权重，就是根据组成事物的要素在整体中的地位和作用的不同，而赋予的一定数值。指标权重的不同往往能够反映出不同指标在整个指标体系中的影响程度高低，也能够反映各个指标间作用的不平衡。有人曾形象地指出指标体系、指标与权重三者之间的关系，其中，指标体系仿佛是秤杆，各个指标仿佛是准星，指标权重仿佛是秤砣。① 由此可以看出，三者之间相辅相成，离开了指标权重，指标体系的建构就毫无意义可言。本研究在确定了课堂教学公平指标体系的最终框架之后，结合第三轮德尔菲专家咨询结果，运用矩阵对偶法计算了各级各类指标权重。

（一）课堂教学公平指标体系权重的确定方法

在第三轮德尔菲问卷中，本研究设置了“影响程度”高低排序一栏，邀请专家们按照“影响程度”高低对课堂教学公平各级各类指标进行了排序。通过对 12 份有效问卷的整理与分析发现，专家们对大部分指标的排序意见基本一致。紧接着，选取一种易于操作的指标权重确定方法——矩阵对偶法，结合专家们对各级各类指标“影响程度”高低的排序，确定了课堂教学公平指标体系中各级指标权重数值。

所谓矩阵对偶法，就是以矩阵理论为基础，通过对指标系统中的各项指标进行两两比较，进而在一系列可供比较的指标中，找出各项指标的优先顺序，最终确定各项指标权重数值的方法。② 相比于求解过程较为复杂、烦琐的一般矩阵法，矩阵对偶法属于一种改进型的矩阵求解法。该方法的优势在于，运算方法较为简便，易于操作，且出错率相对较低，因此，其在众多评价指标体系权重的确定过程中得到了广泛应用。

（二）课堂教学公平指标体系权重的确定

矩阵对偶法的运用一般分为四步，依次为确定评判等级、设定计分标准、

---

① 高书国.教育指标体系：大数据时代的战略工具[M].北京：北京师范大学出版社，2015：79.

② 霍力岩.编制教育评价方案的一个关键问题——加权及其方法研究[J].教育科学研究，2000(01)：39.

确定比较顺序、进行统计计算。通常情况下,运用矩阵对偶法进行判断的等级分为3个等级,即同等重要、稍微重要、明显重要,且判断分值一律是整数。① 基于此,本研究设置了计分标准,如表5.2所示。两项相比,影响程度相当时,均得2分;前项比后项影响程度稍大时,前项得3分,后项得1分,反之,前项得1分,后项得3分;前项影响比后项影响程度明显时,前项得4分,后项为0分,反之,前项得0分,后项得4分。随后,确定不同级不同类别指标间的比较顺序,结合德尔菲专家意见,计算出各级各类指标的权重。

表5.2 计分标准

计分		含义
前项	后项	
2	2	两项指标相比,前项与后项影响程度相当
3	1	两项指标相比,前项比后项影响程度稍大
4	0	两项指标相比,前项比后项影响程度明显
1	3	两项指标相比,后项比前项影响程度稍大
0	4	两项指标相比,后项比前项影响程度明显

首先确定了一级指标的权重。如表5.3所示,通过制作表格,确定了4个一级指标间的比较顺序。

表5.3 矩阵对偶法比较顺序表

后项	前项			
	平等对待	不同对待	公正体验	反向指数
平等对待		1’	2’	3’
不同对待	1		4’	5’
公正体验	2	4		6’
反向指数	3	5	6	

表中数字指各对指标比较的顺序,其中1’是比较的前项,数字1是比较

① 霍力岩.编制教育评价方案的一个关键问题——加权及其方法研究[J].教育科学研究,2000(01):39.

的后项，那么比较的顺序依次为：(1) 不同对待与平等对待；(2) 公正体验与平等对待；(3) 反向指数与平等对待；(4) 公正体验与不同对待；(5) 反向指数与不同对待；(6) 反向指数与公正体验。

在确定了比较的顺序之后，结合第三轮德尔菲专家意见，依次对以上各项指标进行比较，得出结论：(1) 平等对待比不同对待影响程度稍大；(2) 平等对待比公正体验影响程度明显；(3) 平等对待比反向指数影响程度显著；(4) 不同对待比公正体验影响程度稍大；(5) 不同对待比反向指数影响程度稍大；(6) 反向指数与公正体验影响程度相当。根据矩阵对偶法计分标准，将以上各项指标比较后的结论转化为数值，制成课堂教学公平指标体系一级指标权重值分配表，如表 5.4 所示。

表 5.4　课堂教学公平指标体系一级指标权重分配表

后项	前项			
	平等对待	不同对待	公正体验	反向指数
平等对待		1	0	0
不同对待	3		1	1
公正体验	4	3		2
反向指数	4	3	2	
得分	11	7	3	3
权重值	0.46	0.29	0.125	0.125

从表 5.4 可以看出，在按顺序进行比较，根据计分标准计算之后，四个一级指标的得分分别为 11、7、3、3，将这些得分相加得到的总分为 24，然后用各个指标得分除以总分，得到各个指标相对应的权重值。其中，平等对待的权重值约为 0.46，不同对待约为 0.29，公正体验和反向指数均为 0.125。回顾第二章研究内容，杨小微教授在对学校内部公平指标体系进行研究时，得出学校内部公平指标体系中的四个一级指标——同等对待、差别对待、公正体验、反向指数的权重数值依次为 0.45、0.30、0.15、0.10，本研究所得出的四个一级指标权重数值与其所得数值基本上吻合。课堂教学作为学校内部公平的组成部分，其教学指标体系中一级指标数值与学校内部公平指标体系中的一级指标数值不谋而合，无疑说明了本研究具有较强的可靠性。

以此类推，进而分别计算出了各个二级指标、三级指标的权重数值，需要说明的是，指标 B2.1、B2.2、C3.1 和 C3.2 的权重是以问题的形式进行小范围咨询后而求得的，具体如表 5.5 所示。

表 5.5 课堂教学公平指标体系指标权重表

一级指标	权重	二级指标	权重	三级指标	权重
A 平等对待	0.46	A1 身份平等	0.211 6	A1.1 生生平等	0.052 9
				A1.2 师生平等	0.158 7
		A2 权利平等	0.151 8	A2.1 参与权	0.063 8
				A2.2 表达权	0.063 8
				A2.3 知情权	0.024 2
		A3 资源分配公平	0.018 4	A3.1 空间资源分配	0.006 1
				A3.2 教学时间分配	0.010 7
				A3.3 教辅用具分配	0.001 6
		A4 机会平等	0.078 2	A4.1 提问的机会	0.019 55
				A4.2 发言的机会	0.019 55
				A4.3 获得评价的机会	0.019 55
				A4.4 获得练习的机会	0.019 55
B 不同对待	0.29	B1 因材施教	0.168 2	B1.1 满足不同学生的不同兴趣	0.042 05
				B1.2 符合学生学习能力方面的差异	0.042 05
				B1.3 适应不同学生的不同学习风格	0.042 05
				B1.4 满足不同学生个性发展的要求	0.042 05
		B2 关注“弱势”学生	0.026 1	B2.1 考虑到学习能力较弱的学生	0.019 56
				B2.2 照顾到家庭困难的学生	0.006 54
		B3 关注优秀学生	0.095 7	B3.1 为学习能力较强的学生提供适合的教学	0.095 7

（续表）

一级指标	权重	二级指标	权重	三级指标	权重
C 公正体验	0.125	C1 信任感	0.041 3	C1.1 信任老师	0.017 3
				C1.2 信任同学	0.008 7
				C1.3 被老师信任	0.013 6
				C1.4 被同学信任	0.001 7
		C2 公平感	0.072 5	C2.1 得到适合的教学	0.018 2
				C2.2 受到公正对待	0.054 3
		C3 满意度	0.011 2	C3.1 对学习效果感到满意	0.002 8
				C3.2 对教师教学行为或态度感到满意	0.008 4
D 反向指数	0.125	D1 教学特权、D2 教学歧视、D3 教学排斥、D4 教学羞辱			0.125

三、课堂教学公平指标体系的内容解析

作为正规教育的代表性形态，课堂教学的公平与否直接决定着学生的发展。本研究在综合考虑了众多主客观因素的前提下，依据一定的建构依据，初步建构了课堂教学公平指标体系。之后，利用三轮德尔菲专家问卷，不断修改，最终形成了课堂教学公平指标体系框架。本指标体系框架的内容主要涉及以下几个方面。

（一）平等对待

我们都是人，都在共同促进着人类社会的发展，人与人之间是平等的。平等是对人性、人的尊严以及人的价值的基本肯定，课堂教学公平理应要平等对待每个学生、尊重每个学生，赋予每个学生平等的学习身份、学习权利、学习机会，公平分配教学资源，使得课堂中的每个学生都能感受到个体在人格、尊严上的无差别，进而转化为促进自我发展的内部动力。

1. *身份平等*

从人的共同性出发，在人格尊严方面，人与人之间是完全、绝对平等的，这种平等不受任何外在因素（性别、年龄、种族）的影响。就课堂教学公平而

言，身份平等是平等对待的具体体现之一。身份平等是指课堂中的每个人都享有平等的课堂学习身份和地位，主要包括教师与学生之间的平等和学生与学生之间的平等，即师生平等和生生平等。师生平等意味着在教学过程中，学生与教师之间是平等的，学生要尊重每一位教师，但更为重要的是，教师要尊重每一个学生，考虑到每一个学生的发展，能够真诚地关怀、对待所有学生，最基本的要求是教师不辱骂、不羞辱"问题学生"（如学习能力相对较差、上课爱捣乱的学生）；生生平等则意味着学生与学生之间在人格尊严上不存在任何对比性，大家彼此间都是平等的，应该相互帮助、相互尊重、平等共处。这两项指标的设定主要是针对当前课堂教学中存在的类似于"教师对待好学生与'坏学生'态度、行为的不同"以及"学生与学生之间的蔑视、羞辱、辱骂"等现象。

2. 权利平等

权利往往反映的是对个人利益的保护，是一种有效的要求或资格的获得。不论学生的家庭背景如何，学习能力如何，公平的课堂教学必定要赋予每一个学生平等的课堂权利，保护好每一个学生的既得利益。课堂教学权利平等应该包括三方面内容。第一，课堂教学要赋予学生平等的参与权，保证每个学生都能够平等地参与课堂学习，与之相悖的是，当前课堂教学过程中，教师往往只关注或过于关注好学生的参与权，而忽略了学习能力较弱等学生群体的参与权。第二，课堂教学要赋予每个学生平等的表达权。与参与权不同的是，表达权强调的是学生在课堂学习过程中，能够有表达自己观念、想法、看法的权利，而参与权更多的是强调学生参与课堂学习活动的权利，比如紧跟教师教学步伐，但未进行任何言语上或肢体上的个人观点、看法、疑惑等方面的表述，这就只属于参与，而不属于表达。第三，课堂教学不仅要让学生理解学习内容，而且要让学生理解学习过程本身，知道自己应该如何获取知识，因此，要赋予每一个学生平等的知情权。所谓知情权，即指课堂中的每一个学生对教学内容、教学方法、学习形式以及对课堂中所发生的活动都能有所了解，可以简单概括为：每个学生都知道"学什么"和"怎么学"。

3. 资源分配公平

审视我国教育公平的实现路径不难发现，在外部教育公平的实现过程中，教育资源分配问题是首要难题。课堂教学公平亦是如此，课堂教学资源是课堂教学得以开展的基本保障,课堂教学资源的分配是影响课堂教学公平的因素之一,离开了对课堂教学资源的公平分配,课堂教学公平根本无从谈起。因此,关注资源分配问题不仅有助于教学资源的合理有效利用,而且也是平等对待每一个学生的具体体现。从现有研究来看,课堂物质资源分配不公平、课堂空间资源分配不公平、课堂时间资源分配不公平等资源分配问题都是影响当前课堂教学公平的主要问题。鉴于此,课堂教学公平指标体系的建构必须涉及课堂教学资源分配公平的问题。在综合考虑、反复论证后,本指标体系将空间资源分配、教学时间分配、教辅用具分配作为考察二级指标资源分配公平的三级指标。空间资源分配公平主要体现教师在排座位过程中是否能够平等对待每一个学生,方法是否公平,行为是否公平,是否能够综合考虑多种因素,以多样化的方式编排座位;同时,该指标还侧重于考察教师在课堂中的行走路线是否能够关注到每一个学生,是否能够及时发现学生在课堂学习过程中存在的问题,等等。教学时间分配公平主要体现在教学过程中,教师要公平分配教学时间,关注到每一个学生的发展。教辅用具分配公平主要体现在教学用具的发放、教学资料的发放、教学设施的使用不存在“厚此薄彼”的行为,能够关注到每一个学生。

4. 机会平等

在教育起点公平的讨论中,教育权利平等与教育机会平等均被视为实现教育公平的必要条件。无独有偶,在探讨课堂教学公平时,机会平等依旧是不容忽视的关键因素。一个简单的道理是,基于人人生而平等的社会属性,每个人都应平等地享有课堂学习机会,当部分学生的学习机会被剥夺或者是被忽略时,那么整个课堂教学就是不公平的。著名的“罗森塔尔效应”表明教师期望影响学生成就的同时,也从侧面反映出了教师期望不同,师生互动机会也会不同,沿着这一线索,后来有研究者将师生互动机会的不同归结为影响课堂教学不公平的因素之一。基于此,课堂教学公平指标体系设定了机会平等这一指标,离开了课堂教学机会平等,课堂教学公平将是一纸空文。为更加充分准确测量课堂教学机会平等,本研究最终将其三级指标分设为提问的机会、发言的机会、获得评价的机会、获得练习的机会等具体课堂教学活动。其中,提问是学生对所学事物进行思考的标志,发言则是学生对所学事物掌握程度的标志,两者各有所指,不可将两者进行完全等同;评价的机会则既包含了被老师评价的机会,也包含了被其他同学评价以及评价其他同学的机会；获得练习的机会则主要指向做作业，既包括课堂作业，也包括课后作业。

（二）不同对待

公平追求平等，但公平并不是追求所有领域内的完全平等，绝对的完全平等可能也会扭曲公平的本质，造成相对的不公平。因此，本指标体系纳入了不同对待指标。不同对待首先是基于个体差异性而提出来的。每个学生都是独特的完整的个体。按照加德纳“多元智能理论”的说法，每个个体都具有多种智能，但不同的人有不同的优势智能和独特智能，所以，我们“要努力确保每个人所受的教育，都有助于受教育者最大限度地发挥其智能潜力”。[①] 尽管这是就学生智能而言的，但在其兴趣、特长、爱好等方面亦是如此。课堂教学必须考虑到每个个体的特征，公平公正地对待学生个体差异性，因势利导，因材施教，让每个人都能发展成为最好的自己。同时，不同对待还体现在关注“弱势”学生群体和关注优秀学生群体两个方面。其中，“弱势”学生群体包含两类群体，一类指学习能力较弱的学生，另一类为家庭较为贫困、社会地位处于劣势的学生；优秀学生群体则指向学习能力较强、学习成绩相对优异的学生。由此可见，不同对待并非简单地只考虑到了学生在学习能力方面的差异性，而是全面综合考虑到了课堂教学中个体存在的各种差异性，既有主观方面存在的差异，也有客观方面存在的差异。

1. 因材施教

“人的天赋是教育的‘原材料’。”[②]每个人的“天赋”都是不同的。公平公正的课堂教学并非千篇一律，而是要给予不同学生不同的教育，即我们常说的“因材施教”。从原初意义来看，“因材施教”以个体差异性为中心，贯穿课堂教学从开始到结束这一整个过程，服务于所有学生的个性发展。常见的分层教学、分组教学、分类指导就属于“因材施教”。

在课堂教学公平指标体系中，因材施教则主要体现在满足不同学生的不同兴趣、符合学生学习能力方面的差异、适应不同学生的不同学习风格、满足不同学生个性发展的要求四个方面，涉及教学目标的设定、教学方法的选用、教学评价的实施等众多教学活动的方方面面。其中，前三个方面即兴趣、能

---

① 霍华德·加德纳. 多元智能[M]. 北京：新华出版社，1999：78.

② 昆体良. 昆体良教育论著选[M]. 任钟印，选译. 北京：人民教育出版社，1989：25.

力、风格是基于当前教育心理学对影响学生学习活动重大因素的研究分析而提出来的；最后一个方面，个性发展是着眼于课堂教学的最终目的而提出来的。满足不同学生的不同兴趣是指教学内容、教学方法、评价方式的选择与运用要以学生的学习兴趣为导向，比如有的学生倾向于学习文科性质的知识，有的学生则喜欢理科性质的知识，公平的课堂教学就在于促进不同喜好的学生的不同发展；符合学生学习能力的差异是指课堂教学要从每个学生实际已有的认知水平、学习能力出发，选取适当的内容，采用适合的教学组织方式，如分层教学、分组教学等；适应不同学生的不同学习风格是指教学要关注学生的学习风格，运用不同的教学方法、教学模式，比如有的学生习惯于接受学习，有的则习惯于发现学习，这就意味着公平的课堂教学既要有讲解法，也要有探究指导法，等等；满足不同学生的个性发展是以学生个性特征为基础，提供适合其发展的教学。

2. 关注“弱势”学生

我们常说：“人人生而不同。”这种不同不仅体现在学习天赋、能力、兴趣等方面，而且也体现在人与人之间在家庭背景、社会阶层等方面。在具体课堂教学过程中亦是如此，并非每个孩子都具有良好的学习天赋、较强的学习能力以及近乎等同或差异甚微的家庭经济条件、社会地位。尤其随着城镇化进程的加快，外来务工人员子女不断涌入城镇学校，同一班级中，学生与学生之间在这些方面存在的差距日渐明显。有调查显示，“在课堂教学中，教师偏爱的学生往往有两种类型，一种是来自特权阶层和富人阶层的学生；另一种是学习成绩优异的学生”。[①] 反之，学习能力较弱且家庭经济贫困的学生往往是最“不受待见”的群体。而从“人人生而平等”的社会属性来看，这些都是有违公教学公平本质的。

因此，公平的课堂教学不能也不应无视处于“弱势”的学生群体，而应遵循“补偿对待”的原则，考虑到每个学习能力较弱的学生，满足学生实际需要，以温和的方式对其学习活动进行干预；同时，照顾到每个家庭收入较低、生活较为困难的学生，赋予他们更多的机会与资源，但不以损害其他学生的利益为代价。如对于学习能力较弱的学生，教师可以利用课余时间对其进行专门辅导，帮助学生克服困难，理解、掌握学习内容；对于家庭较为困难的学生，可

① 张扬. 问题与对策：课堂教学公平探究[D]. 长春：东北师范大学，2014.

以提供适当帮助，给予他们较多的学习资源等。

3. 关注优秀学生

在当代课堂教学过程中，相对于学习能力一般和学习能力较弱的学生群体，往往还存在着一部分类似于“神童”的优秀学生群体，这部分学生在掌握、理解、运用学习内容方面往往都快人一步，有着优于他人的表现。据调查统计，在课堂教学过程中，教师确实对这部分学生较为满意，偏爱这部分学生，但这并不意味着教师的焦点全部聚焦于这部分学生，因为这部分学生学习能力较强，教师往往也会忽视这部分学生。① 最常见的表现有两个方面：一方面，没有专门为这部分学生提供与之相适应的教学；另一方面，剥夺了这部分学生的课堂学习机会，认为只要成绩偏中间的学生对某一问题有所掌握了，优秀学生必定也会掌握的。因此，教师自然而然地“遗忘”了这部分优秀学生。显而易见的是，对优秀学生较少关注或过度关注都从根本上背离了课堂教学公平。公平的课堂教学不会因为个体本身具有良好的天赋而忽略其发展。因此，本指标体系提出设置“关注优秀学生”这一指标，在于检测当前课堂教学过程中，教师是否考虑到为学习能力较强的学生提供适合的教学，是否设置了符合这部分优秀学生发展的教学内容，等等，进而更加全面地窥探课堂教学公平程度。但是，教师对优秀学生的关注，不应以牺牲其他学生的正当利益为前提。换句话说，教师对优秀学生的关注不能冲破公平的界限，对优秀学生的过分关注、赋予优秀学生一定的特权，这些都是不公平的。

（三）公正体验

“公平除了是事实以外，还包括个人的主观体验。”②课堂教学公平亦是如此，除了事实层面的判断以外，个人在结合客观事实基础上所具有的主观价值判断往往也能够说明课堂教学是否公平公正。因此，在课堂教学公平指标体系的建构过程中，本研究纳入了“公正体验”这一指标，目的在于通过搜集学生对教学公平的主观感受的数据，了解学生感受到的公平状况，更好地检测课堂教学公平程度，检测课堂教学过程中每个个体被“承认”的程度。通过对当前国内外课堂教学公平指标体系已有研究的梳理与分析，本研究主要借鉴了杨小微教授对学校内部公平指标体系的研究，将一级指标公正体验进

---

① 张扬. 问题与对策：课堂教学公平探究[D]. 长春：东北师范大学，2014.

② 杨小微，李学良. 关注学校内部公平的指数研究[J]. 教育科学研究，2016(11)：5－12.

一步细化为信任感、公平感、满意度3个二级指标。

1. 信任感

信任感是检测课堂教学公平的一个重要维度。本研究将信任感进一步划分为信任老师、信任同学、被老师信任、被同学信任4个维度，尽管这4个维度有主动与被动之分，但信任他人与被他人信任并非完全对立。在公平的课堂教学过程中，老师要信任每一个同学，相信每一个学生都能自觉学习、按时完成学习任务；反过来，学生也要相信老师，相信老师的教学能力，愿意向老师寻求帮助，愿意接受老师的帮助，等等。同样，在公平的课堂学习中，学生与学生之间在人格尊严方面是平等的，彼此间要互相尊重、互相信任、互相帮助。

2. 公平感

课堂教学是培养人的活动，以人为起点，目的在于促进每个学生的发展。在课堂教学公平指标体系中，公平感是基于课堂教学事实所进行的价值判断，能够反映学生感受到的公平状况，是检测课堂教学公平状况最为直接的指标之一。从课堂教学公平的终极目标来看，又可将公平感进一步划分为得到适合的教学和受到公正对待两个维度。其中，得到适合的教学是得到"适合的教育"的基本体现，在课堂教学公平中，指向教学结果公平；受到公正对待是基于人在人格、尊严方面一律平等而提出来的，指向教学起点公平和过程公平。两者都是课堂教学公平指标体系不可忽略的重要指标。

3. 满意度

满意是一种心理状态，满意度是主体对其需要已被满足程度的一种感受。就课堂教学公平而言，课堂教学越公平，学生的满意度越高。反过来，学生对课堂教学中诸要素的满意度越高，也可从侧面说明课堂教学的公平程度越高。通常情况下，学生对课堂教学公平的满意度主要表现在两个方面：一方面体现在学生对教师教学行为或态度感到满意，当教师能够公平公正地处理教学事务、对待学生时，学生的满意程度则会很高，反之则会很低；另一方面表现在学生对学习效果感到满意。

（四）反向指数

在课堂教学过程中，其公平程度往往也通过一些"负面事件"反映出来。如前文所讲到的教师区别对待不同学生，对部分学生存有偏见，出现课堂中的"二等公民""陪读生"等现象，这些都严重影响课堂教学公平程度，而平等对待、不同对待、公正体验三项指标均不能直接反映这些“负面事件”。因此，本指标体系设定了“反向指数”指标，目的在于辅助性地说明课堂教学公平状况。一般而言，反向指数越高，课堂教学公平程度越低。结合当前课堂教学现状，本研究在一级指标反向指数指标下又设置了教学特权、教学歧视、教学排斥、教学羞辱4项二级指标。其中，教学特权是指在教学过程中赋予个别学生特殊的权利；教学歧视是指在教学过程中，教师对学生身份有所歧视，以不平等的眼光对待在家庭生活、学习能力等方面较弱或有缺陷、缺点的学生，往往指向教师的教学态度；教学排斥是指在教学过程中，教师主观地将部分学生排斥在外，往往通过教学排斥行为体现出来；教学羞辱是指教师无视学生的人格、尊严，在课堂教学过程中辱骂、羞辱学生，既包括言语方面的辱骂，也包括行为方式上的羞辱。

四、课堂教学公平指标标准

通过对当前大部分教育指标体系研究的分析发现，在指标体系中，各项指标都具有较强的概括性，十分精炼、简明、凝练，往往看上去“晦涩难懂”，使人难以快速、准确地判断指标具体指向“何物”或“何事”。尤其表现为指标等级越高，指标的概括性越强，指标的具体“内涵”也越丰富。因此，在指标体系确定之后，需要设定具有可操作性的指标标准，然后进行相应的运用。指标标准是对指标的进一步解释说明，也是进行判断的标准。鉴于课堂教学公平指标体系本身就具有严格的“等级秩序”，即二级指标是用来解释一级指标的，三级指标是用来解释二级指标的，因此，在分析确定指标标准时，主要以27个三级指标以及反向指数下的4个二级指标为“着力点”，采用基本要素分析法(Primary Trait Analysis，简称PTA)，对31项指标标准进行了设定。基本要素分析法最初是由美国教师沃尔弗德、安迪生以及她们的同事所倡导的，是一种评价学生任何一种表现或若干综合表现(如英语口语、语文作文、实验操作、研究报告等)的评分方法。[①] 后来，该方法被广泛应用于各种评价活动之中。基本要素分析法以“任何一种行为表现，包括行为的和认知的，都会有一系列基本的要素”为基本理论假设，该方法的使用首先要找出被测量

① 赵必华，查啸虎. 课程改革与教育评价[M]. 合肥：安徽教育出版社，2007：67.

因素的基本要素,然后根据这些要素进行标准设定。因此,在设定课堂教学公平指标标准过程中,首先找出了前面提到过的 31 项指标各自所包含的基本要素,然后结合具体的课堂教学活动,确定了各项指标所对应的具体标准,如表 5.6 所示。

表 5.6　课堂教学公平指标标准

指标	指标标准
A1.1 生生平等	在课堂学习过程中,学生能够意识到自己与他人之间是平等的,并能够做到相互帮助、相互尊重、平等相处
A1.2 师生平等	在课堂教学过程中,教师能够意识到学生与学生之间是平等的,自己与每个学生之间也是平等的,而且能够平等地关怀、对待所有学生
A2.1 参与权	在课堂教学过程中,每个学生都能平等地享有参与课堂学习活动的基本权利,教师能够关注到每个学生的课堂参与态度、参与机会、参与方式等
A2.2 表达权	在课堂学习过程中,每个学生都平等地享有表达权,拥有能够表达自己观念、想法、看法的权利,如提出问题、进行质疑的权利等
A2.3 知情权	在课堂学习过程中,每个学生都平等地享有了解、熟知教学内容、教学方法、学习形式以及课堂中所发生的一切活动的权利
A3.1 空间资源分配	教师在排座位过程中能够平等地对待每个学生,在充分考虑学生的身高、视力等因素的基础上,以多样化的形式编排座位;此外,教师在课堂中的行走路线能够关注到每个学生,能够及时发现不认真听课、嬉戏打闹、小动作不断的学生
A3.2 教学时间分配	在课堂教学过程中,教师能够公平地分配教学时间,尊重每个学生的发展需求,不因个别同学与学习无关的行为占用或耽误其他学生的学习时间
A3.3 教辅用具分配	在课堂教学过程中,学生能够平等地享有公共教学资源,如教学用具的发放、教学资料的发放、板书的设计、教学设备的使用等都能够充分考虑到每个学生
A4.1 提问的机会	在课堂教学过程中,教师能够给予每个学生平等地进行提问的机会,保证每个学生对所学事物的思考与问题都能得到回应与解答
A4.2 发言的机会	在课堂教学过程中,教师能够给予每个学生平等地发言、回答问题的机会,并且了解每个学生对所学事物的认识程度

（续表）

指标	指标标准
A4.3 获得评价的机会	在课堂教学过程中，教师既能够平等地评价每一个学生，运用不同的方式方法对所有学生的课堂表现、学习效果做出评价，也能够给予每个学生平等地对自我学习效果以及他人学习效果进行评价的机会
A4.4 获得练习的机会	在课堂教学过程中，教师能够给予每个学生平等地获得练习的机会，包括课堂练习卷、课后作业等
B1.1 满足不同学生的不同兴趣	在课堂教学过程中，教师教学能够满足不同学生的学习兴趣，能够提供多样化的、可供学生选择的学习内容
B1.2 符合学生学习能力方面的差异	在课堂教学过程中，教师教学能够考虑到不同学生的不同认知能力，并且能够考虑到不同学生的不同学习水平，组织形式多样，能够有针对性地进行分层教学、分组教学
B1.3 适应不同学生的不同学习风格	在课堂教学过程中，教师教学能够关注到不同学生的不同学习风格，并能够采取多种教学方法，激发学生的学习动机，提升教学效果
B1.4 满足不同学生个性发展的要求	在课堂教学过程中，教师能够意识到学生之间的个性差异，并且能够满足学生个性发展的需求，促进学生个性发展
B2.1 考虑到学习能力较弱的学生	在课堂教学过程中，教师能够考虑到学习能力较弱的学生，并以温和的方式对其学习活动进行干预
B2.2 照顾到家庭困难的学生	在课堂教学过程中，教师能够考虑到家庭困难的学生，赋予他们更多的机会与资源，并提供适当的帮助
B3.1 为学习能力较强的学生提供适合的教学	在课堂教学过程中，教师能够为学习能力较强的学生提供较多的且适合其能力的教育，但不以牺牲其他学生的正当利益为前提
C1.1 信任老师	在课堂学习过程中，同学们能够充分信任老师的教学能力，在学习上遇到困难、存有疑惑或遭遇其他事情时，都会主动求助于老师，愿意接受老师的帮助
C1.2 信任同学	在课堂学习过程中，同学之间能够彼此依赖、相互信任；面对困难时，互帮互助，一起合作解决问题
C1.3 被老师信任	在课堂学习过程中，教师能够平等地相信每一个学生，相信每一个学生的学习能力，尊重每一个学生的人格尊严

（续表）

指标	指标标准
C1.4 被同学信任	在课堂学习过程中，自己是被其他同学所信任的；遇到困难时，同学们十分愿意接受“我”所提供的帮助
C2.1 得到适合的教学	在课堂教学过程中，教师能够关注到每一个学生，并且每一个学生都能得到适合自己的学习资源、机会，学习适合自己发展的教学内容
C2.2 受到公正对待	在课堂学习过程中，每个学生都受到了公平对待，得到了平等的关怀、尊重和赞许
C3.1 对学习效果感到满意	在课堂学习过程中，每个学生都对自己在学习过程中的表现感到满意，对自己的学习效果感到满意
C3.2 对教师教学行为或态度感到满意	在课堂教学过程中，学生对教师的教学行为、教学态度感到满意，对教师的教学效率感到满意
D1 教学特权	在课堂教学过程中，教师赋予了部分同学特权，如纵容或包庇部分学生违反班级常规的行为
D2 教学歧视	在课堂教学过程中，教师对家庭较为困难或者其他学生有所歧视，态度不够友好，行为不够友善，没有充分尊重学生
D3 教学排斥	在课堂教学过程中，教师将学习能力较弱的学生排除在教育对象之外，将其“遗忘”在角落里，不管不顾、不闻不问这类学生
D4 教学羞辱	在课堂教学过程中，教师有用侮辱性语言辱骂、羞辱学生的行为，侵犯了学生的人格尊严，在学生成长过程中造成了严重的伤害

第六章
课堂教学公平指标体系的应用

指标体系的首要目的在于测量。建构课堂教学公平指标体系的目的在于通过指标体系的运用，对课堂教学公平进行检测，既了解到课堂教学公平实际状况，也能从中发现课堂教学存在的公平问题，进而有针对性地解决问题。为检测已建构的课堂教学公平指标体系的适切性与可行性，本研究设计了课堂教学公平测量问卷，并选取了N市R中学初二年级的5个班级，向其207名学生发放问卷进行试测，之后对其进行了项目分析；然后，对S市和N市两所学校同一年级10个班级的学生进行了问卷的正式发放，利用SPSS 22.0统计软件对调查问卷进行了分析。

一、问卷的设计与试测

应用课堂教学公平指标体系的前提在于对各级指标间逻辑关系的准确理解。依据各级指标间的逻辑关系，参照课堂教学公平指标标准，本小节编制了课堂教学公平测量问卷，在进行试测之后，利用SPSS 22.0统计软件对试测结果进行了项目分析。

（一）问卷的设计

由于研究时间和精力有限，且考虑到学生是课堂教学的主要参与者、课堂教学是否公平最真实的经历者和被影响者，因此，本研究主要以学生为对象，依据课堂教学公平指标标准，编制了课堂教学公平测量问卷（学生卷，具体见附录四）。该问卷由三部分内容构成。第一部分为基本情况，包括学校、班级以及班级人数。第二部分是本问卷的核心，主要依据课堂教学公平指标中的三级指标以及反向指数中的四个二级指标设定了问题，共有31题。关于选项的设置，本研究采取了李克特量表计分法，依次为“完全符合、比较符合、不确定、比较不符合、完全不符合”，请学生根据实际情况选择最符合的选项。最后一部分为主观作答题，目的在于查漏补缺，了解除问卷中的问题以外，课堂教学还存在哪些公平问题。

（二）问卷的试测

在编制了课堂教学公平测量问卷（学生卷）之后，本研究在小范围内运用了德尔菲法，向研究者所在学院 3 位教授以及 2 名博士进行了意见咨询，请他们对问卷中的题目进行了审定，未出现较大争议。随后，进行了问卷试测。

1. 试测对象与回收情况

本研究随机选取了 N 市 R 中学初二年级的 5 个班，向其 207 名学生发放了问卷。其中，问卷发放情况、回收情况以及有效情况如表 6.1 所示。

表 6.1　课堂教学公平测量问卷试测情况表

问卷情况 \ 班级代码	1	2	3	4	5	总计
发放问卷	41	43	40	42	41	207
回收问卷	38	39	35	37	41	190
有效问卷	29	32	30	29	37	157
有效率	0.76	0.82	0.86	0.78	0.90	0.83

2. 试测问卷分析

试测结束后，本研究利用 SPSS 22.0 统计软件对试测问卷数据进行了项目分析，目的在于检测问卷中各个题项的适切性与可靠程度，一般可进行临界值分析和项目区分度分析。通常情况下，对项目临界值的分析首先要确定项目高低分组的临界分数，临界分数是指问卷得分前 27% 和后 27% 的两组极端数据，通过计算，该问卷的临界分数分别为 127 和 145。紧接着，对样本数据进行高低分组，并进行独立样本 t 检验，如表 6.2 所示，本问卷中 31 道题项 P 值均小于 0.05，表明所有题项临界值均达到显著水平，依据“一份较好的问卷，各项目的高分组和低分组的平均得分差异应是显著的”①，初步判定可保留所有题项。

① 吴明隆. 问卷统计分析实务——SPSS 操作与应用[M]. 重庆：重庆大学出版社，2015：178.

表 6.2　独立样本检验

		方差方程的 Levene 检验		均值方程的 t 检验						
		F	$Sig.$	t	df	$Sig.$（双侧）	均值差值	标准误差值	差分的 95% 置信区间	
									下限	上限
T1	假设方差相等	8.680	0.005	2.797	51.000	0.007	0.728	0.260	0.206	1.250
	假设方差不相等			2.837	34.053	0.008	0.728	0.257	0.207	1.249
T2	假设方差相等	29.344	0.000	4.117	51.000	0.000	0.813	0.198	0.417	1.210
	假设方差不相等			4.191	28.120	0.000	0.813	0.194	0.416	1.211
T3	假设方差相等	27.642	0.000	4.008	51.000	0.000	0.775	0.193	0.387	1.163
	假设方差不相等			4.074	30.389	0.000	0.775	0.190	0.387	1.163
T4	假设方差相等	19.079	0.000	4.533	51.000	0.000	0.849	0.187	0.473	1.225
	假设方差不相等			4.607	30.695	0.000	0.849	0.184	0.473	1.225
T5	假设方差相等	16.906	0.000	4.733	51.000	0.000	0.922	0.195	0.531	1.313
	假设方差不相等			4.805	32.371	0.000	0.922	0.192	0.531	1.312
T6	假设方差相等	16.906	0.000	4.733	51.000	0.000	0.922	0.195	0.531	1.313
	假设方差不相等			4.805	32.371	0.000	0.922	0.192	0.531	1.312
T7	假设方差相等	37.870	0.000	6.205	51.000	0.000	1.221	0.197	0.826	1.616
	假设方差不相等			6.316	28.139	0.000	1.221	0.193	0.825	1.617

（续表）

		方差方程的 Levene 检验		均值方程的 t 检验						
		F	$Sig.$	t	df	$Sig.$（双侧）	均值差值	标准误差值	差分的 95% 置信区间	
									下限	上限
T8	假设方差相等	29.574	0.000	3.691	51.000	0.001	0.627	0.170	0.286	0.968
	假设方差不相等			3.749	31.791	0.001	0.627	0.167	0.286	0.967
T9	假设方差相等	20.933	0.000	4.575	51.000	0.000	1.034	0.226	0.580	1.488
	假设方差不相等			4.654	29.158	0.000	1.034	0.222	0.580	1.489
T10	假设方差相等	16.864	0.000	3.917	51.000	0.000	0.662	0.169	0.323	1.002
	假设方差不相等			3.971	34.646	0.000	0.662	0.167	0.324	1.001
T11	假设方差相等	40.030	0.000	5.395	51.000	0.000	1.222	0.227	0.767	1.677
	假设方差不相等			5.500	26.000	0.000	1.222	0.222	0.765	1.679
T12	假设方差相等	33.444	0.000	3.126	51.000	0.003	0.665	0.213	0.238	1.092
	假设方差不相等			3.183	27.819	0.004	0.665	0.209	0.237	1.094
T13	假设方差相等	10.259	0.002	4.519	51.000	0.000	1.349	0.299	0.750	1.948
	假设方差不相等			4.569	39.332	0.000	1.349	0.295	0.752	1.946
T14	假设方差相等	6.048	0.017	5.348	51.000	0.000	1.209	0.226	0.755	1.663
	假设方差不相等			5.402	40.917	0.000	1.209	0.224	0.757	1.662

（续表）

		方差方程的 Levene 检验		均值方程的 t 检验						
		F	$Sig.$	t	df	$Sig.$（双侧）	均值差值	标准误差值	差分的 95% 置信区间	
									下限	上限
T15	假设方差相等	12.593	0.001	5.230	51.000	0.000	1.358	0.260	0.836	1.879
	假设方差不相等			5.304	34.096	0.000	1.358	0.256	0.837	1.878
T16	假设方差相等	13.414	0.001	6.112	51.000	0.000	1.547	0.253	1.039	2.055
	假设方差不相等			6.204	32.573	0.000	1.547	0.249	1.039	2.055
T17	假设方差相等	35.387	0.000	6.038	51.000	0.000	1.479	0.245	0.987	1.970
	假设方差不相等			6.144	28.671	0.000	1.479	0.241	0.986	1.971
T18	假设方差相等	22.819	0.000	5.442	51.000	0.000	1.476	0.271	0.931	2.020
	假设方差不相等			5.524	32.689	0.000	1.476	0.267	0.932	2.020
T19	假设方差相等	14.773	0.000	5.220	51.000	0.000	1.034	0.198	0.636	1.432
	假设方差不相等			5.307	30.168	0.000	1.034	0.195	0.636	1.432
T20	假设方差相等	44.992	0.000	4.036	51.000	0.000	1.074	0.266	0.540	1.608
	假设方差不相等			4.114	26.000	0.000	1.074	0.261	0.537	1.611
T21	假设方差相等	25.603	0.000	6.090	51.000	0.000	1.620	0.266	1.086	2.154
	假设方差不相等			6.182	32.601	0.000	1.620	0.262	1.086	2.153

（续表）

		方差方程的 Levene 检验		均值方程的 t 检验						
		F	$Sig.$	t	df	$Sig.$（双侧）	均值差值	标准误差值	差分的 95% 置信区间 下限	差分的 95% 置信区间 上限
T22	假设方差相等	44.463	0.000	7.493	51.000	0.000	1.593	0.213	1.166	2.019
	假设方差不相等			7.638	26.000	0.000	1.593	0.209	1.164	2.021
T23	假设方差相等	30.571	0.000	7.397	51.000	0.000	1.591	0.215	1.159	2.023
	假设方差不相等			7.531	27.779	0.000	1.591	0.211	1.158	2.024
T24	假设方差相等	20.122	0.000	6.435	51.000	0.000	1.402	0.218	0.964	1.839
	假设方差不相等			6.532	32.504	0.000	1.402	0.215	0.965	1.839
T25	假设方差相等	20.722	0.000	6.442	51.000	0.000	1.292	0.201	0.889	1.695
	假设方差不相等			6.542	31.979	0.000	1.292	0.198	0.890	1.694
T26	假设方差相等	29.622	0.000	6.493	51.000	0.000	1.330	0.205	0.919	1.742
	假设方差不相等			6.602	29.881	0.000	1.330	0.202	0.919	1.742
T27	假设方差相等	24.127	0.000	6.672	51.000	0.000	1.222	0.183	0.854	1.590
	假设方差不相等			6.802	26.000	0.000	1.222	0.180	0.853	1.592
T28	假设方差相等	4.855	0.032	1.989	51.000	0.052	0.799	0.402	1.007	1.606
	假设方差不相等			1.979	46.549	0.054	0.799	0.404	1.013	1.612

（续表）

		方差方程的 Levene 检验		均值方程的 t 检验						
		F	$Sig.$	t	df	$Sig.$（双侧）	均值差值	标准误差值	差分的 95% 置信区间	
									下限	上限
T29	假设方差相等	43.332	0.000	5.862	51.000	0.000	1.809	0.309	1.189	2.429
	假设方差不相等			5.956	31.067	0.000	1.809	0.304	1.190	2.429
T30	假设方差相等	59.391	0.000	5.707	51.000	0.000	1.662	0.291	1.078	2.247
	假设方差不相等			5.807	28.716	0.000	1.662	0.286	1.077	2.248
T31	假设方差相等	68.895	0.000	5.070	51.000	0.000	1.516	0.299	0.916	2.116
	假设方差不相等			5.162	27.768	0.000	1.516	0.294	0.914	2.117

随后，对样本数据进行了项目区分度分析，所谓项目区分度是指测试项目对被测量内容的区分能力。根据被试在项目上的得分与问卷总分的相关系数来计算项目区分度指数，用 D 表示，D 值越大，表示该项目的区分度越高。一般认为，$D>0.4$，项目评价为很好；$0.3<D<0.4$，项目评价良好，修改后会更佳；$0.2<D<0.3$，项目尚可，须修改；$D<0.2$，项目差，必须淘汰。[①] 如表 6.3 所示，根据相关性检验结果，除 T5、T6、T10、T28、T31 题项项目区分度未达到 0.4 以外，其余题项均高于 0.4，考虑到以上 5 项题项区分度处于 0.3 与 0.4 之间，也可不必进行修改，因此，结合之前进行的临界值分析，最终保留了问卷中的所有题项。

① 吴明隆. 问卷统计分析实务——SPSS 操作与应用[M]. 重庆：重庆大学出版社，2015：181.

表 6.3　项目与总分的相关系数

题项	相关系数	题项	相关系数	题项	相关系数
T1	0.428**	T12	0.581**	T23	0.672**
T2	0.555**	T13	0.536**	T24	0.712**
T3	0.575**	T14	0.644**	T25	0.762**
T4	0.647**	T15	0.672**	T26	0.663**
T5	0.387**	T16	0.703**	T27	0.630**
T6	0.388**	T17	0.574**	T28	0.350**
T7	0.676**	T18	0.544**	T29	0.435**
T8	0.517**	T19	0.719**	T30	0.404**
T9	0.713**	T20	0.690**	T31	0.335**
T10	0.373**	T21	0.583**	—	—
T11	0.695**	T22	0.727**	—	—

注：** 在显著水平为 0.01 时(双尾)，相关显著

二、问卷的正式发放与数据处理

(一) 问卷发放情况

利用 SPSS 22.0 软件对试测问卷进行了项目分析，结果显示，问卷中所设置的 31 道题项基本上可以保留。因此，未对问卷进行修改，正式发放问卷。发放范围包括了 N 市 W 中学和 S 市 S 中学两所学校同一年级 10 个班级的 415 名学生，具体发放情况、回收情况以及有效情况如表 6.4 所示。

表 6.4　正式问卷发放情况

问卷情况＼班级序号	S1	S2	S3	S4	S5	W1	W2	W3	W4	W5	总计
发放问卷	42	41	40	43	41	40	44	42	40	42	415
回收问卷	42	39	40	42	38	40	42	40	40	42	405
有效问卷	38	35	35	36	34	35	33	36	37	40	359
有效率	0.90	0.90	0.88	0.86	0.89	0.88	0.79	0.90	0.93	0.95	0.89

（二）数据处理

本文所使用的数据处理软件为 SPSS 22.0 和 Excel 2016，对正式发放问卷的处理主要有以下几个步骤。

第一步，依照“1、2、3、4、5”五个程度对各个题项进行赋值，正向题目进行正向赋值，反向题目进行反向赋值：正向题目中“完全符合、比较符合、不确定、比较不符合、完全不符合”选项的赋值依次为 5、4、3、2、1，反向题目则相反，依次赋值为 1、2、3、4、5。

第二步，计算出各班各题项平均得分，紧接着，进行百分制换算，具体计算公式为：

$$ST=(FT \div MT)\times 100$$

其中，ST 表示问题 T 的指数值，FT 表示问题 T 的平均值，MT 表示问题 T 所得满分值(5 分)。在该步骤计算过程中，FT 由统计软件 SPSS 22.0 所得，将所得数据进行复制，粘贴于 Excel 2016 文档中，随后按照公式进行计算，具体计算情况如表 6.5 所示。

表 6.5　课堂教学公平问卷描述性统计

	S1	S2	S3	S4	S5	W1	W2	W3	W4	W5
T1	87.6	81.8	81.0	91.0	88.4	82.4	87.0	86.2	85.6	81.8
T2	82.8	85.4	71.2	80.0	75.6	85.2	92.0	89.6	94.8	87.4
T3	92.2	87.0	87.8	84.2	92.2	89.8	84.2	94.2	92.2	93.0
T4	93.0	87.0	91.6	87.0	93.4	91.6	85.0	93.4	91.0	91.0
T5	72.6	81.8	75.4	67.2	77.0	73.4	63.2	75.0	76.6	83.8

（续表）

	S1	S2	S3	S4	S5	W1	W2	W3	W4	W5
T6	91.2	83.6	92.8	89.0	86.2	90.8	85.0	84.2	91.2	85.6
T7	89.8	79.6	87.0	80.6	88.4	89.0	80.6	90.4	91.8	85.6
T8	98.8	92.8	94.6	91.8	91.6	92.6	87.8	89.6	94.8	94.8
T9	93.6	83.2	86.0	82.4	90.6	88.0	82.4	92.6	93.6	89.2
T10	92.8	83.0	84.0	84.0	90.6	88.0	86.0	92.6	94.8	91.0
T11	92.2	81.4	87.0	80.6	89.8	89.0	80.6	91.8	92.2	87.4
T12	88.0	75.2	84.4	83.4	81.0	94.4	91.4	91.0	96.0	89.2
T13	86.2	81.8	69.0	81.0	73.8	67.0	77.0	71.8	82.2	83.8
T14	84.2	81.6	81.6	76.2	85.0	81.6	74.2	85.0	86.2	85.6
T15	82.6	80.0	73.6	81.8	84.6	71.6	77.8	82.6	82.6	82.0
T16	81.0	77.8	75.0	78.8	80.6	77.0	78.8	82.6	85.0	83.8
T17	84.2	69.0	89.0	73.4	79.6	83.4	82.4	88.8	79.8	87.4
T18	83.8	85.4	85.4	86.4	90.8	89.0	71.4	79.6	82.2	73.0
T19	80.6	79.0	83.4	75.2	79.6	93.4	83.2	89.6	88.6	93.0
T20	90.0	77.2	82.8	80.0	80.0	90.8	86.0	88.0	96.0	89.2
T21	75.0	81.8	80.0	81.0	83.8	78.0	77.0	81.8	75.0	79.8
T22	83.8	81.8	87.2	84.6	86.2	85.2	80.6	84.2	83.8	83.8
T23	86.2	80.0	83.6	79.0	89.2	81.6	75.0	87.2	86.2	82.0
T24	86.2	81.8	78.2	82.2	85.4	76.2	82.4	88.8	88.6	89.2
T25	91.6	85.2	80.6	82.6	83.4	82.6	81.4	91.8	93.6	89.2
T26	82.6	81.8	73.6	79.0	84.6	86.2	75.0	90.4	84.8	94.8
T27	83.8	79.6	83.6	81.8	80.6	84.4	79.6	89.6	92.2	85.6
T28	62.6	56.4	67.2	54.6	57.6	65.2	56.4	55.6	70.6	58.4
T29	77.6	83.6	88.2	72.8	76.2	86.2	67.2	74.2	80.2	81.6
T30	75.0	83.6	87.2	71.8	77.0	89.8	67.8	75.0	81.6	83.6
T31	73.8	80.0	91.8	79.0	78.4	89.8	68.8	76.4	77.8	78.0

第三步，依据权重，分别计算各二级指标、一级指标数值。就二级指标来看，以二级指标身份平等为例，二级指标身份平等所包含的三级指标分别为：生生平等、师生平等，与问卷中 T1、T2 相对应，且权重占身份平等权重的比例分别为 25%、75%，因此，1 班的二级指标身份平等数值为：87.6×25%＋82.8×75%＝84，以此类推，计算出各班各二级指标数值。就一级指标来看，以平等对待为例，一级指标平等对待下的二级指标分别为：身份平等、权利平等、资源分配公平、机会平等，通过计算，4 个二级指标的权重占平等对待指标权重的比例分别为：46%、33%、4%、17%，因此，用各二级指标的数值分别乘以各自所对应的比例，然后相加，便可得到一级指标的数值，如 1 班平等对待的数值为：84×46%＋89.4×33%＋91.07×4%＋91.65×17%≈87.37，以此类推，求得其他一级指标数值。另外，反向指数较为特殊，计算公式为：

$$S_{反}=(T28\times25\%+T29\times25\%+T30\times25\%+T31\times25\%)-100$$

第四步，计算各班课堂教学公平指数，计算工具依旧为 Excel 2016 软件，计算公式如下，具体结果如表 6.6 所示。

$$S=SA\times46\%+SB\times29\%+SC\times12.5\%+SD\times12.5\%$$

在这里，SA 表示平等对待维度的得分，SB 表示不同对待维度的得分，SC 表示公正体验维度的得分，SD 表示反向指数维度的得分。需要特别说明的是，计算 SD 反向指数时，采用了反向计算法，数值均为负值，因此，课堂教学公平综合指数满分数值为 87.5。

表 6.6 各班课堂教学公平指数统计

	S1	S2	S3	S4	S5	W1	W2	W3	W4	W5
A 平等对待	87.37	84.31	80.82	82.76	84.52	86.76	86.31	89.96	91.67	88.11
A1 身份平等	84.00	84.50	73.65	82.75	78.80	84.50	90.75	88.75	92.50	86.00
A2 权利平等	89.40	86.17	87.41	82.66	90.27	87.93	81.18	90.79	89.20	90.69
A3 资源分配公平	91.07	82.11	89.60	84.38	87.96	89.92	82.70	88.28	91.87	86.43
A4 机会平等	91.65	80.70	85.35	82.60	88.00	89.85	85.10	92.00	94.15	89.2
B 不同对待	82.60	79.22	78.83	77.80	80.66	81.55	79.26	84.04	85.19	86.84
B1 因材施教	83.50	80.30	74.80	79.45	81.00	74.30	76.95	80.50	84.0	83.80

（续表）

	S1	S2	S3	S4	S5	W1	W2	W3	W4	W5
B2 关注“弱势”学生	84.10	73.10	88.10	76.65	82.40	84.80	79.65	86.50	80.40	83.80
B3 关注优秀学生	80.60	79.00	83.40	75.20	79.60	93.40	83.20	89.60	88.60	93.00
C 公正体验	87.80	82.47	81.32	82.11	83.47	82.96	81.44	89.08	90.46	87.75
C1 信任感	84.65	79.80	83.70	81.69	83.21	85.90	81.89	85.41	87.17	85.16
C2 公平感	90.25	84.35	80.00	82.50	83.90	81.00	81.65	91.05	92.35	89.20
C3 满意度	83.50	80.15	81.10	81.10	81.60	84.85	78.45	89.80	90.35	87.90
D 反向指数	−27.75	−24.10	−16.40	−30.45	−27.70	−17.25	−34.95	−29.70	−22.45	−24.60
综合指数	71.65	69.05	68.15	67.09	69.24	71.772	68.50	73.18	75.37	73.61

三、调查数据分析

（一）数据呈现

经过数据处理，得出两所学校 10 个班级的统计数据，结果如表 6.7 所示。

表 6.7　10 个样本班级课堂教学公平指数描述性统计

	平均数	中位数	最小值	最大值	标准差
A 平等对待	86.26	86.54	80.82	91.67	3.28
A1 身份平等	84.62	84.50	73.65	92.50	5.55
A2 权利平等	87.57	88.57	81.18	90.79	3.34
A3 资源分配公平	87.43	88.12	82.11	91.87	3.43
A4 机会平等	87.86	88.60	80.70	94.15	4.34
B 不同对待	81.60	81.11	77.80	86.84	3.01
B1 因材施教	79.86	80.40	74.30	84.00	3.54
B2 关注“弱势”学生	81.95	83.10	73.10	88.10	4.58

（续表）

	平均数	中位数	最小值	最大值	标准差
B3 关注优秀学生	84.56	83.30	75.20	93.40	6.26
C 公正体验	84.89	83.22	81.32	90.46	3.48
C1 信任感	83.86	84.18	79.80	87.17	2.24
C2 公平感	85.63	84.13	80.00	92.35	4.62
C3 满意度	83.88	82.55	78.45	90.35	4.19
D 反向指数	−25.54	−26.15	−34.95	−16.40	5.81
综合指数	70.76	70.45	67.09	75.37	2.74

（二）数据分析

1. 课堂教学公平情况的整体分析

从表 6.7 可知，10 个班级综合指数平均数为 70.76，若以 100 为计算单位，转换后约为 80.87，可见，10 个样本班级课堂教学公平整体状况良好。其中，最大值为 75.37，最小值为 67.09，标准差为 2.74，表明各班课堂教学公平状况虽存有差异，但整体离散程度不是很高，差异性不是很大。

另外，如图 6.1 所示，各班课堂教学公平总体状况基本上与各一级指标保持一致，平等对待、不同对待、公正体验越高，课堂教学公平综合指数越高；反向指数越高，课堂教学公平综合指数越低。对各一级指标进行具体分析，从表 6.7 可知，平等对待、不同对待、公正体验分别对应的平均数得分均大于

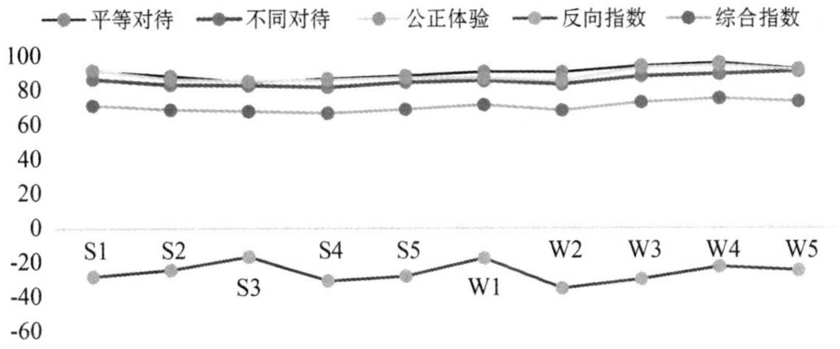

图 6.1　各班课堂教学公平状况对比折线图

80，说明这三项一级指标整体状况良好。同时，结合图 6.2 来看，尽管平等对待、不同对待、公正体验得分均与满分相差不远，但在 10 个样本班级的课堂教学中，指标“不同对待”数值相对较低，说明在实际教学中，不同对待相对较弱，但不同对待是学生个性发展的关键，因此，课堂教学需要重视不同对待不同的学生。此外，三项一级指标所对应的标准差分别为 3.28、3.01、3.48，结合三项所对应的最大、最小值来看，各班在三项一级指标上离散程度确实相对较高，且在公正体验上离散程度最大。同时，从反向指数来看，各班反向指数平均得分为－25.54，说明课堂教学过程中确实存在教学特权、教学歧视、教学偏见、教学羞辱等现象。其中，最小值为－34.95，最大值为－16.40，标准差为 5.81，说明各班课堂教学不公平程度存在明显的差异。

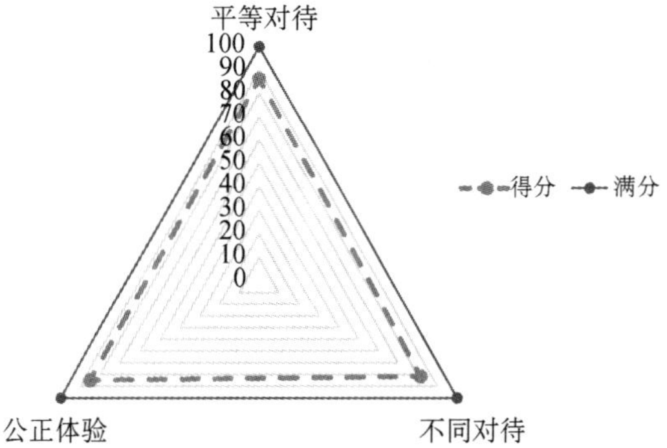

图 6.2　一级指标平均得分雷达图

对样本班级一级指标下的二级指标进行分析，如图 6.3 所示，在一级指标平等对待中，从平均分来看，身份平等平均得分最低，其次为资源分配公平，机会平等平均得分最高。从标准差来看，身份平等的标准差最大，说明身份平等的离散程度最高，其次为机会平等，权利平等的标准差最小，说明其离散程度较低。综合来看，在一级指标“平等对待”维度下，身份平等需要引起教师重视，关注学生之间、师生之间的平等问题是促进教学公平的重要任务。此外，尽管机会平等平均得分最高，但这并不意味着机会平等已达到了理想状态，相对于权利平等与资源分配公平，机会平等的标准差最大，说明 10 个班级中，机会平等具有显著性差异。

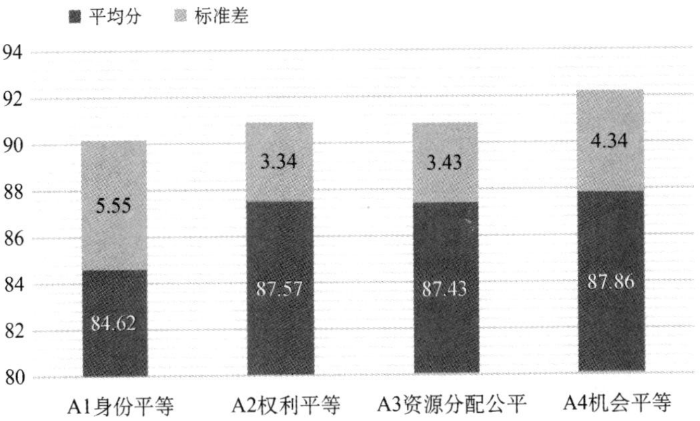

图 6.3　样本班级平等对待指标下的二级指标得分情况柱状图

在不同对待维度上，如图 6.4 所示，因材施教平均得分最低，关注“弱势”学生次之，关注优秀学生最高，因材施教与关注优秀学生两者相差 4.7，因材施教与关注“弱势”学生两者相差 2.09，关注优秀学生与关注“弱势”学生两者相差 2.61，可见，在样本班级课堂教学过程中，不同的教师对不同的学生有不同的关注度；紧接着，从标准差可以看出，关注优秀学生标准差最高，关注“弱势”学生次之，因材施教标准差最低，这说明关注优秀学生的离散程度较高，各班差异性较为显著，同时也说明因材施教离散程度最低，与关注优秀学生相比，因材施教离散程度较小，各班因材施教程度基本相似。

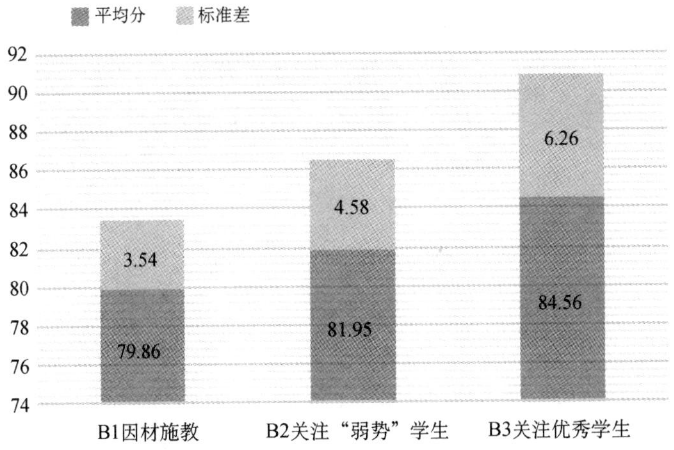

图 6.4　样本班级不同对待指标下的二级指标得分情况柱状图

在公正体验维度上，如图 6.5 所示，学生的信任感与满意度平均得分相差不大，但均低于公平感得分，而从标准差来看，公平感的标准差最高，其次为满意度，信任感的标准差最低，这说明在 10 个样本班级中，各班公平感离散程度最高，不同学生之间的公平感具有显著的差异性。而不同班级之间的信任感离散程度相对最低，说明不同学生之间的信任感并不具有明显的差异性。

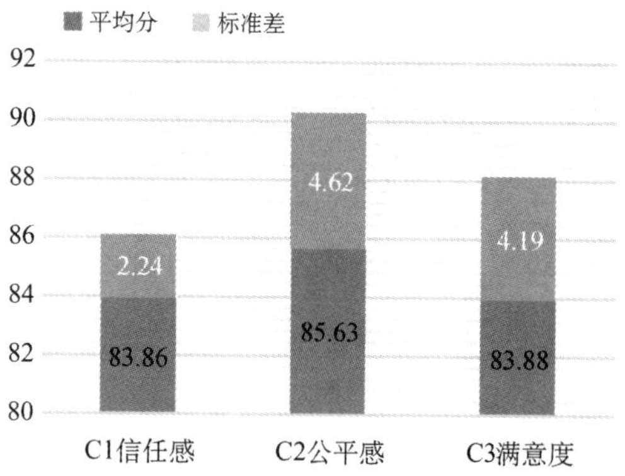

图 6.5　样本班级公正体验指标下的二级指标得分情况柱状图

2. 各班课堂教学公平的对比情况

综合指数越高，表明班级课堂教学公平状况越好。如表 6.8 所示，在 10 个样本班级中，课堂教学公平综合指数最高的为 75.37，从表 6.6 可知，综合指数最高所对应的班级编号为 W4，最低的为 67.09，所对应的班级编号为 S4，两个班相差 8.28，说明两个班课堂教学公平状况相差较大。其次，从表 6.8 可知，就一级指标来看，最高分与最低分差值最大的是反向指数，平等对待次之，不同对待差值最低。紧接着，就二级指标来看，平等对待维度下身份平等、机会平等的差值都相对较大；不同对待维度下关注优秀学生差值最大，因材施教最小；公正体验维度下，公平感差值最大，信任感差值最小。

表 6.8　各班课堂教学公平情况对比表

	最小值	最大值	差值
A 平等对待	80.82	91.67	10.85
A1 身份平等	73.65	92.5	18.85
A2 权利平等	81.18	90.79	9.61

（续表）

	最小值	最大值	差值
A3 资源分配公平	82.11	91.87	9.76
A4 机会平等	80.7	94.15	13.45
B 不同对待	77.8	86.84	9.04
B1 因材施教	74.3	84	9.7
B2 关注“弱势”学生	73.1	88.1	15
B3 关注优秀学生	75.2	93.4	18.2
C 公正体验	81.32	90.46	9.14
C1 信任感	79.8	87.17	7.37
C2 公平感	80	92.35	12.35
C3 满意度	78.45	90.35	11.9
D 反向指数	−34.95	−16.4	18.55
综合指数	67.09	75.37	8.28

3. 样本学校课堂教学公平情况对比分析

平均数是用来表示一组数据的集中趋势的，反映的是一组数据的一般水平。结合表 6.9 和表 6.10 来看，就综合指数而言，S 学校平均得分明显低于 W 学校，表明 W 学校班级课堂教学公平状况相对良好，但 W 学校标准差数值大于 S 学校，表明 W 学校班级课堂教学公平离散程度较大，其最大值与最小值差值也相对较为明显，且反向指数差值及其离散程度也都高于 S 学校。就一级指标来看，在平等对待、不同对待、公正体验方面，S 学校均低于 W 学校，同时，S 学校各班在平等对待维度方面的离散程度高于 W 学校各班，而 W 学校各班在不同对待和公正体验维度方面的离散程度又高于 S 学校各班。就二级指标来看，在平等对待维度下，W 学校在各项指标中的平均得分均大于 S 学校，同时，W 学校各班在身份平等、资源分配公平、机会平等方面的标准差均小于 S 学校，表明 S 学校在这三方面的离散程度高于 W 学校；在不同对待维度方面，W 学校平均得分均高于 S 学校，尤其 W 学校在关注优秀学生方面远远高于 S 学校，同时，S 学校在关注“弱势”学生方面的离散程度高于 W 学校，而在因材施教、关注优秀学生方面，W 学校的离散程度又高于 S 学校；在公正体验方面，W 学校各班平均得分均高于 S 学校，尤其在公平感与满意度方面，两所学校的平均得分差异较大，但 W 学校在这两方面的离散程度也高于 S 学校，且差值较大。

表 6.9　S 学校样本班级课堂教学公平情况

	平均数	中位数	最小值	最大值	差值	标准差
A 平等对待	83.96	84.31	80.82	87.37	6.55	2.42
A1 身份平等	80.74	82.75	73.65	84.50	10.85	4.55
A2 权利平等	87.18	87.41	82.66	90.27	7.61	3.00
A3 资源分配公平	87.02	87.96	82.11	91.07	8.96	3.71
A4 机会平等	85.66	85.35	80.70	91.65	10.95	4.34
B 不同对待	79.82	79.22	77.80	82.60	4.8	1.86
B1 因材施教	79.81	80.30	74.80	83.50	8.7	3.18
B2 关注“弱势”学生	80.87	82.40	73.10	88.10	15	5.98
B3 关注优秀学生	79.56	79.60	75.20	83.40	8.2	2.96
C 公正体验	83.43	82.47	81.32	87.80	6.48	2.56
C1 信任感	82.61	83.21	79.80	84.65	4.85	1.91
C2 公平感	84.20	83.90	80.00	90.25	10.25	3.78
C3 满意度	81.49	81.10	80.15	83.50	3.35	1.24
D 反向指数	−25.28	−27.70	−30.45	−16.40	14.05	5.45
综合指数	69.04	69.05	67.09	71.65	4.56	1.69

表 6.10　W 学校样本班级课堂教学公平情况

	平均数	中位数	最小值	最大值	差值	标准差
A 平等对待	88.56	88.11	86.31	91.67	5.36	2.24
A1 身份平等	88.50	88.75	84.50	92.50	8	3.29
A2 权利平等	87.96	89.20	81.18	90.79	9.61	3.97
A3 资源分配公平	87.84	88.28	82.70	91.87	9.17	3.51
A4 机会平等	90.06	89.85	85.10	94.15	9.05	3.39

（续表）

	平均数	中位数	最小值	最大值	差值	标准差
B不同对待	83.38	84.04	79.26	86.84	7.58	3.00
B1因材施教	79.91	80.50	74.30	84.000	9.7	4.26
B2关注“弱势”学生	83.03	83.80	79.65	86.50	6.85	2.92
B3关注优秀学生	89.56	89.60	83.20	93.40	10.2	4.12
C公正体验	86.34	87.75	81.44	90.46	9.02	3.93
C1信任感	85.11	85.41	81.89	87.17	5.28	1.96
C2公平感	87.05	89.20	81.00	92.35	11.35	5.35
C3满意度	86.27	86.27	78.45	90.35	11.9	4.87
D反向指数	−25.79	−24.60	−34.95	−17.25	17.7	6.80
综合指数	72.49	73.18	68.50	75.37	6.87	2.57

4. 同一学校不同班级课堂教学公平情况对比分析

通过前面的分析，基本上可以看出，不同的学校课堂教学公平状况不同，同一学校不同的班级课堂教学公平状况也不相同。如表6.9所示，在S学校中，综合指数最大值和最小值分别为71.65、67.09，从表6.6可知，与之相对应的班级编号分别为S1、S4。如表6.10所示，在W学校中综合指数最大值和最小值分别为75.37、68.50，与之对应的班级编号分别为W4、W2。

为更加全面地了解两所学校不同班级课堂教学公平的实际状况，本研究在S学校中选取了S1和S4两个班级进行对比分析，在W学校中选取了W4和W2两个班级进行分析。如图6.6所示，班级S1各项指标得分均高于班级S4各项指标得分。就一级指标来看，S4和S1在指标公正体验方面的差值最大，其次为不同对待，反向指数差值最小。就二级指标来看，在平等对待维度中，机会平等差值最大，其次为权利平等，身份平等差值最小；在不同对待维度中，在关注“弱势”学生指标方面，S4与S1得分相差较大，其次为关注优秀学生，最后为因材施教；在公正体验维度中，公平感差值最大，其次为信任感，最后为满意度。

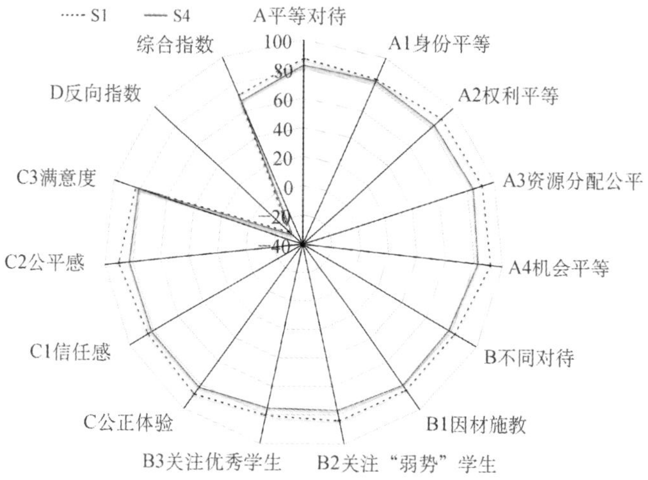

图 6.6　班级 S1、S4 各指标得分雷达图

如图 6.7 所示，班级 W4 各项指标得分均高于班级 W2 各项指标得分。就一级指标来看，W4 和 W2 在指标反向指数方面的差值最大，其次为公正体验，平等对待差值最小。就二级指标来看，在平等对待维度中，资源分配公平差值最大，其次为机会平等，身份平等差值最小；在不同对待维度中，在因材施教指标方面，W4 与 W2 得分相差较大，其次为关注优秀学生，最后为关注“弱势”学生；在公正体验维度中，满意度差值最大，其次为公平感，最后为信任感。

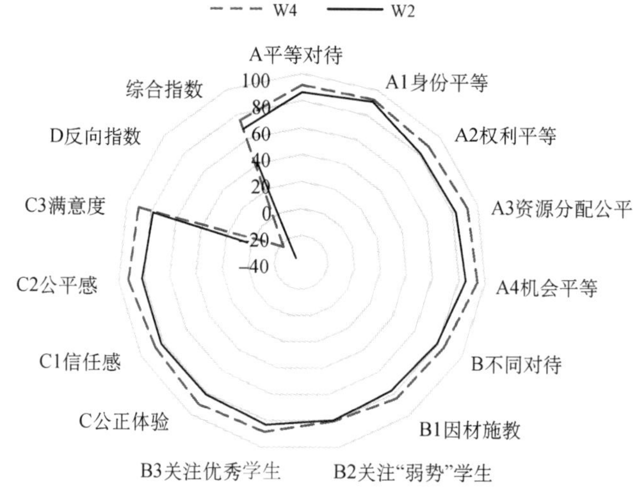

图 6.7　班级 W4、W2 各指标得分雷达图

5. 不同学校不同班级课堂教学公平情况对比分析

前文提到过，在S学校里，课堂教学公平综合指数最高的班级和最低的班级分别为S1和S4，在W学校里，课堂教学公平综合指数最高的班级和最低的班级分别为W4和W2，除对同一学校不同班级课堂教学公平状况进行对比分析外，我们还可以对不同学校不同班级课堂教学公平状况进行分析。为能够以班级为“载体”，更加一目了然地认识不同学校课堂教学公平的差异性，本研究以“高对高，低对低”的方式对两所学校4个不同班级的课堂教学公平状况进行了对比分析。

如图6.8所示，从综合指数来看，班级W4得分高于S1，但这并不意味着班级W4各项指标得分均高于班级S1各项指标得分。就一级指标来看，班级W4一级指标得分均高于班级S1，且两者之间反向指数差值最大，其次为平等对待，不同对待差值最小。就二级指标来看，在平等对待维度中，班级W4在身份平等、资源分配公平、机会平等三方面得分均高于班级S1得分，其差值从大到小依次为身份平等、机会平等、资源分配公平；而在权利平等方面，班级S1得分高于W4得分。在不同对待维度中，班级W4在因材施教、关注优秀学生两方面得分均高于班级S1得分，且两者之间在关注优秀学生指标方面存在较大的差值；而在关注“弱势”学生指标方面，班级S1得分高于W4得分。在公正体验维度方面，班级W4得分均高于S1得分，其中，满意度差值最大，其次为信任感，公平感差值最小。

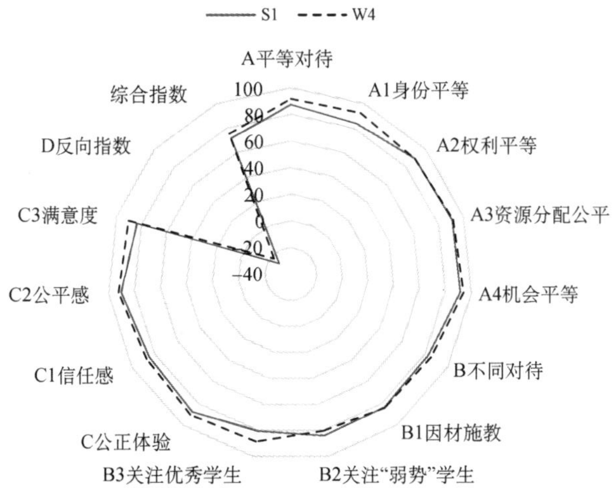

图6.8　班级S1、W4各指标得分雷达图

如图 6.9 所示，从综合指数来看，班级 W2 得分高于 S4，但这同样也并不意味着班级 W2 各项指标得分均高于班级 S4 各项指标得分。就一级指标来看，班级 W2 在平等对待、不同对待两方面得分高于班级 S4 得分，而班级 S4 在公正体验、反向指数两方面得分高于班级 W2 得分，取其差值绝对值，班级 W2 和 S4 在一级指标方面的差值从大到小依次分别为：反向指数、平等对待、不同对待、公正体验。就二级指标来看，在平等对待维度中，班级 W2 在身份平等、机会平等两方面得分均高于班级 S4 得分，而班级 S4 在权利平等、资源分配公平两方面得分均高于班级 W2，其差值从大到小依次为身份平等、机会平等、资源分配公平、权利平等。在不同对待维度中，班级 W2 在关注“弱势”学生、关注优秀学生两方面得分均高于班级 S4 得分，且两者之间在关注优秀学生指标方面存在较大的差值；而在因材施教指标方面，班级 S4 得分高于 W2 得分。在公正体验维度中，班级 W2 在公平感、满意度两方面的得分均低于 S4，其中，满意度差值较大，而在信任度方面，班级 W2 得分则略高于 S4 得分。

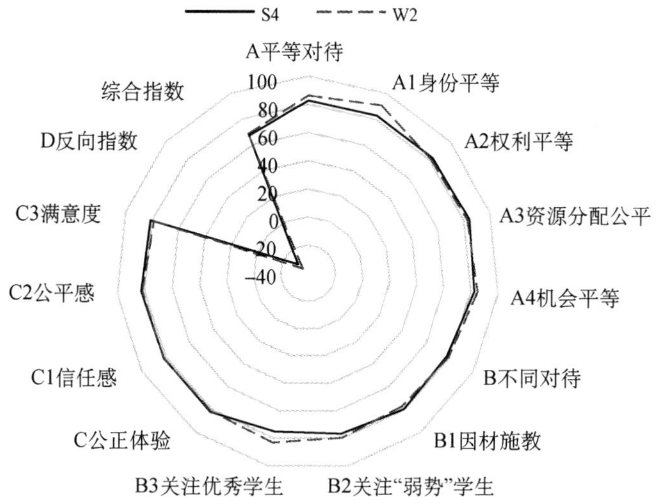

图 6.9　班级 S4、W2 各指标得分雷达图

（三）结论与建议

1. 结论

课堂教学公平状况是极为复杂的。本研究认为，课堂教学公平是以平等对待为底线的，实质上是让每个学生都能得到适合的发展，成为最优秀的自己。因此，在一级维度上，设置了平等对待、不同对待、公正体验以及反向指数 4 个指标。通过对同省不同市的两所学校 10 个样本班级的数据分析可以看出，平等对待平均得分最高，公正体验次之，不同对待最低，这与当前通过实证研究所发现的课堂教学存在的公平问题是不谋而合的。因此，数据的分析及结论在一定程度上能够初步说明指标体系框架的合理性。

通过数据分析可以看出，尽管 W 学校整体水平高于 S 学校，但是 W 学校内部面临的班级课堂教学公平差异程度却大于 S 学校，所以，不同学校存在不同的公平问题。尽管对同一学校而言，班级 W4 课堂教学公平综合指数高于 W2，S1 课堂教学公平综合指数高于 S4，但其各项指标之间的差值大小却无规律可循，所以，同一学校不同班级有不同的公平问题。另外，尽管班级 W4 和 S1 得分分别为其各自学校同一年级课堂教学公平程度相对较高的班级，但依旧面临不同的公平问题，所以，不同学校不同班级有不同的公平问题。由此可以看出，采用课堂教学公平指标体系，能够快速测量出课堂教学公平的实际状况，帮助我们快速找准课堂教学存在的公平问题，如果能及时“对症下药”，则有助于有效避免在改善课堂教学公平状况时采取“一刀切”方式所带来的不良影响。同时，利用课堂教学公平指标体系，既可以帮助我们对不同学校整体课堂教学公平进行对比分析，也可以对同一学校不同班级课堂教学公平状况进行对比分析，还可以对不同学校不同班级进行对比分析，这在一定程度上不仅说明了指标体系框架的适用性，也增强了课堂教学公平指标体系的实用性。

另外，从问卷反馈情况来看，在对主观题“你认为课堂教学过程中还存在哪些公平问题”的回答中，大部分学生填写了“无”，而少数学生所反映的诸如“看不清黑板上的字”“教师对学生干涉过多”等问题在指标体系中都有所体现。因此，通过小范围的试用，可以初步判定本研究所建构的课堂教学公平指标体系是能够测得出课堂教学公平情况的。

2. 研究建议

通过应用课堂教学公平体系，本研究对两所学校同一年级 10 个班级课堂教学公平状况进行了调查研究，在论证课堂教学公平指标体系的适切性的过程中，本研究既分析了 10 个样本班级的课堂教学公平整体状况，也从纵向、横向两个维度对两所学校 10 个样本班级的课堂教学公平状况进行了对比分析。基于对 10 个样本班级课堂教学公平状况的分析，为进一步提升课堂教学公平，笔者从新教育公平视野出发，提出以下几点意见。

第一，要适当控制班额，关注每个学生的发展。人是教育公平的永恒主体，新教育公平呼吁教育公平的“属人性”，将人置于核心地位，致力于保证每个学生都能得到高质量的教育。审视样本班级课堂教学公平的整体状况，“不同对待不同学生”是10个样本班级所面临的共同问题。所谓“僧多粥少”，课堂教学之所以无法做到不同对待不同学生，其中最关键的一个原因还在于班级人数过多，而教师精力有限，无暇顾及每个个体。一个很简单的道理是，教师对人数相对较少的班级学生的关注远远会大于对班级人数较多的学生的关注。但这并不意味着班级人数越少越好，如果班额过小，则会引发新的教育问题，而这并非提升课堂教学公平程度的上策。因此，本研究主张：适当控制班额大小，即在保障教育资源不会被浪费，新的教育问题（如师资配备不足、教学设备不足、教室数量不够等）不会产生的前提下，适当调整当前班额大小，保证每个学生都能平等地受到教师的不同关注，发展成为最好的自己。

第二，适当加大管理力度，缩小教学公平差异性。长期以来，教育公平最显著的特征在于区域、城乡、学校之间的教育不均衡发展。作为微观层面的教育公平的体现，课堂教学公平不仅在区域之间、城乡之间、学校之间存在差异性，而且在班级之间也存在显著的差异性。因此，结合课堂教学公平的复杂性，本研究认为，就学校而言，学校管理者要有意识地加强管理，采取考核制，并严格执行考核规则，形成科学有效的课堂教学公平考核机制，督促班级课堂教学公平的提升，努力缩小本校各班课堂教学公平之间的差异性，提升各班课堂教学公平程度；就教育管理部门而言，在致力于提供充足的优质教育的同时，也要加强对各区各校、各校各班课堂教学公平的管理，制定明确的区域课堂教学公平考核制度、校级课堂教学公平考核制度，切实缩小教育不均衡发展程度。

第三，适当加强培训，增强教师的公平意识和能力。教师是课堂教学活动的主要负责人。在课堂教学公平指标体系中，平等对待、不同对待、反向指数都是对教师教学行为的考核，是一种事实判断。此外，尽管公正体验是学生的主观感受，但这种感受是对教师教学行为是否公正、教学方式是否公平的一种价值判断。因此，教师在教学过程中的一举一动、一言一行都直接决定着课堂教学公平程度，而教师对教育公平的认知则间接影响着课堂教学公平。所以，要适当加强对教师的培训，引导教师树立正确的公正观，培养教师公平对待学生的意识与能力。

四、对课堂教学公平指标体系适切性的进一步思考

本研究遵循“分析—建构—解释—验证”的基本思路，层层递进，环环相扣，对课堂教学公平及其指标体系进行了研究。从上述对两所不同学校同一年级10个班级的调查过程及调查结果来看，本研究所建构的课堂教学公平指标体系具有一定的适切性，但要想更加充分地提升课堂教学公平指标体系的适切性，后续还需要进一步开发运用工具，关注实施过程，运用测量结果，等等。

（一）进一步开发运用课堂教学公平指标体系的工具

课堂教学公平指标体系的研究目的在于将复杂问题简单化，但这并不意味着课堂教学公平指标体系是简单的。课堂教学公平指标体系蕴含了课堂教学活动的方方面面，既具有较强的简约性，但同时也具有高度的概括性，往往也是十分复杂的。在应用课堂教学公平指标体系的过程中，本研究只是为了初步对其适切性进行判断，目的仅仅在于检测其是否具有可操作性。所以，在编制问卷时，主要结合课堂教学公平指标标准设定了题项，而且，在正式问卷发放之前，就对课堂教学公平测量问卷进行了试测，随后对试测结果进行了独立样本检验和项目区分度分析，论证了31个题项的可靠性，说明该问卷具有良好的效度，然后才进行了正式调研。尽管最后研究结论表明本研究所建构的课堂教学公平指标体系能够测得出课堂教学公平状况，但以问卷的形式进行应用仅仅只能说明指标体系具有一定的适切性，并未能使指标体系的所有作用得以充分发挥。因此，问卷调查只是检测课堂教学公平指标体系适切性的途径之一。为进一步提升课堂教学公平指标体系的适切性，可以适当开发并结合使用其他调查工具，如以课堂教学公平指标体系为依据，制定课堂教学公平观察量表、课堂教学公平访谈提纲等等。

（二）进一步关注课堂教学公平指标体系的实施过程

课堂公平指标体系的应用并非简单回答问题、选择答案的过程，而是一个极其复杂、多样的过程。在这一过程中，需要考虑到各种影响其结果的因素。既要考虑到各级指标之间的层次性，也要强调各级指标间的连贯性；既

要考虑到研究工具的合理性，也要关注研究过程的可行性。以问卷调查为例，在正式发放问卷过程中，学生是否能够积极配合、主动参与都会对测评结果产生影响，而决定学生参与度与主动性的关键因素在于问卷是否能够得到认同与理解，所以，这就需要研究者在调研过程中积极主动投入，及时向学生解释调研的目的，对学生不能完全理解或者存有疑问的部分题项进行解释说明等，进而提高研究结论的真实性与可靠性。因此，结合本次研究调查，笔者认为，在运用课堂教学公平指标体系时，研究者一定要有意识地关注调查过程，对一些显性的或者隐形的因素进行控制与干预，进而更加准确地判断指标体系的适切性。

（三）进一步运用课堂教学公平指标体系的测量结果

如前所述，课堂教学公平指标体系的最终目的在于测量课堂教学公平状况，改善课堂教学公平问题。在建构课堂教学公平指标体系以后，为检测课堂教学公平指标体系的适切性，本研究通过问卷调查法，对不同学校同一年级的 10 个班级的课堂教学公平状况进行了测试，既测得了 10 个班级课堂教学公平的实际状况，也一目了然地认识到了 10 个班级课堂教学公平的薄弱环节，初步判定本研究所建构的课堂教学公平指标体系是可行的、可操作的，具有一定的适切性。但是，反过来，一个很简单的道理是，课堂教学公平状况的改善、问题的解决也能够进一步论证指标体系的适切性。因此，这就需要进一步运用测评结果，在找准问题之后，具体问题具体分析，采取相应措施改善课堂教学公平状况，进而更好地推进课堂教学公平指标体系的实用性。

五、总结与反思

公平不仅是课堂教学的一种价值取向，而且也是现实中迫切需要解决的实际问题。选择以指数的方式对课堂教学公平进行研究，并非心血来潮：一方面源于当前对课堂教学公平的研究往往如同蜻蜓点水，只是简单地揭示了课堂教学中存在的不公平问题，缺乏对整体课堂教学公平状况的考察与研究；另一方面源于指数研究能够将复杂问题简单化，将其运用于课堂教学公平研究，能够帮助我们快速找准课堂教学公平存在的问题，进而分析问题、解决问题。

在梳理与分析了当前国内外相关研究并总结了借鉴经验之后，基于共同的人性和独特的个性，本研究界定了课堂教学公平的内涵，在理论基础上提出了课堂教学公平的基本要求；紧接着，明确了课堂教学公平指标体系的建构依据，在遵从一定的建构原则的前提下，初步建构了课堂教学公平指标体系；随后，通过三轮德尔菲问卷的发放与修改，最终形成了课堂教学公平指标体系。为检测和提高已建构的课堂教学公平指标体系的效度，本研究设计了课堂教学公平测量问卷，进行了小范围的应用。通过对应用结果的分析，本研究发现，课堂教学公平状况是极为复杂的，整体情况较好的学校并不意味着其各班状况都处于良好状态，同样，不同的班级也存在不同的问题。因此，改善课堂教学公平状况，需要做到具体问题具体分析，只有结合各自存在的问题，才能从根源上解决问题。

尽管初步判定本研究所建构的课堂教学公平指标体系能够“测得出公平，推得进公平”，但是反思整个研究过程，由于研究能力有限，依然存在一些不足。比如，在指标体系试用阶段，考虑到学生是课堂教学公平的直接受益者，所以研究对象只选择了学生，忽略了其他群体。此外，本研究只是为了初步检测课堂教学公平指标体系的可行性，因此，在进行问卷调查时，只选择了两所样本学校，同时，为简化研究程序，样本班级也只选择了初中二年级学生，如果能够进一步扩大样本数量，那么，研究结论将更具推广性，等等。

从长远来看，课堂教学公平不仅涉及个体发展，而且也关涉社会的进步、民族的复兴，因此，课堂教学公平问题依然是今后教育研究的重点与难点。结合当前对课堂教学公平指标体系研究的思考，笔者认为以指数的方式对课堂教学公平进行研究是非常必要的。因此，在今后的学习中，还须继续努力，不断完善当前的研究。

参考文献

一、著作类

[1] 埃德加·莫兰. 复杂性理论与教育问题[M]. 北京：北京大学出版社,2004.

[2] 阿玛蒂亚·森. 正义的理念[M]. 北京：中国人民大学出版社,2012.

[3] 阿玛蒂亚·森. 再论不平等[M]. 北京：中国人民大学出版社,2016.

[4] 柏拉图. 理想国[M]. 北京：商务印书馆,2015.

[5] 程立显. 伦理学与社会公正[M]. 北京：北京大学出版社,2002.

[6] 程晓樵. 课堂互动中的机会均等[M]. 南京：江苏教育出版社,2002.

[7] 慈继伟. 正义的两面[M]. 北京：生活·读书·新知三联书店,2001.

[8] 陈振中. 社会学语境中的教育弱势现象[M]. 桂林：广西师范大学出版社,2007.

[9] 杜威. 民主主义与教育[M]. 北京：人民教育出版社,1990.

[10] 冯建军. 教育公正——政治哲学的视角[M]. 福州：福建教育出版社,2008.

[11] 冯建军. 教育的人学视野[M]. 合肥：安徽教育出版社,2008.

[12] 福禄培尔. 人的教育[M]. 北京：人民教育出版社,2001.

[13] 弗里德利希·冯·哈耶克. 自由秩序原理[M]. 北京：生活·读书·新知三联书店,1997.

[14] 郭彩琴. 教育公平论：西方教育公平理论的哲学考察[M]. 徐州：中国矿业大学出版社,2004.

[15] 高书国. 教育指标体系——大数据时代的战略工具[M]. 北京：北京师范大学出版社,2015.

[16] 高清海,胡海波,贺来. 人的"类生命"与"类哲学"：走向未来的当代哲学精神[M]. 长春：吉林人民出版社,1998.

[17] 胡海波. 正义的追寻——人类发展的理想境界[M]. 长春：东北师范大学出版社,1997.

[18] 霍耐特. 再分配,还是承认?:一个政治哲学对话[M]. 上海:上海人民出版社,2009.

[19] 霍布斯. 利维坦[M]. 北京:商务印书馆,1985.

[20] 何怀宏. 公平的正义——解读罗尔斯《正义论》[M]. 济南:山东人民出版社,2002.

[21] 华东师范大学教育系编. 马克思恩格斯论教育[M]. 北京:人民教育出版社,1986.

[22] 华国栋. 差异教学论[M]. 北京:教育科学出版社,2001.

[23] 康德. 论教育学[M]. 上海:上海人民出版社,2005.

[24] 夸美纽斯. 大教学论[M]. 北京:教育科学出版社,2014.

[25] 科恩. 拯救正义与平等[M]. 上海:复旦大学出版社,2014.

[26] 陈杰琦,艾斯贝格,克瑞克维斯基. 多元智能理论与儿童的学习活动[M]. 北京:北京师范大学出版社,2015.

[27] 罗森塔尔,雅各布森. 课堂中的皮格马利翁:教师期望与学生智力发展[M]. 北京:人民教育出版社,2003.

[28] 洛克. 政府论(上、下篇)[M]. 北京:商务印书馆,1996.

[29] 卢梭. 社会契约论[M]. 北京:商务印书馆,1980.

[30] 卢梭. 论人类不平等的起源和基础[M]. 北京:商务印书馆,1962.

[31] 吕达,周满生. 当代外国教育改革著名文献(美国卷·第一册)[M]. 北京:人民教育出版社,2004.

[32] 联合国教科文组织. 教育——财富蕴藏其中[M]. 北京:教育科学出版社,1996.

[33] 联合国教科文组织国际教育发展委员会. 学会生存——教育世界的今天和明天[M]. 北京:教育科学出版社,1996.

[34] 联合国教科文组织. 反思教育:向"全球共同利益"的理念转变?[M]. 北京:教育科学出版社,2017.

[35] 米勒. 社会正义的原则[M]. 南京:江苏人民出版社,2005.

[36] 米尔恩. 人的权利与人的多样性——人权哲学[M]. 北京:中国大百科全书出版社,1995.

[37] 麦金太尔. 谁之正义? 何种合理性? [M]. 北京:当代中国出版社,1996.

[38] 马克斯・范梅南. 教学机智——教育智慧的意蕴[M]. 北京:教育科学出版社,2001.

[39] 诺丁斯. 学会关心:教育的另一种模式(第 2 版)[M]. 于天龙,译. 3 版. 北京:教育科学出版社,2014.

[40] 乔万尼・萨托利. 民主新论:当代论争[M]. 上海:上海人民出版社,2015.

[41] 苏君阳. 公正与教育[M]. 北京:北京师范大学出版社,2008.

[42] 夏正江. 一个模子不适合所有的学生:差异教学的原理与实践[M]. 上海:华东师范大学出版社,2008.

[43] 熊丙奇. 教育公平:让教育回归本质[M]. 上海:华东师范大学出版社,2014.

[44] 谢维和,李乐夫,孙凤,文雯. 中国的教育公平与教育发展[M]. 北京:教育科学出版社,2008.

[45] 吴康宁. 课堂教学社会学[M]. 南京:南京师范大学出版社,1999.

[46] 吴明隆. 问卷统计分析实务——SPSS 操作与应用[M]. 重庆:重庆大学出版社,2010.

[47] 王策三. 教学论稿[M]. 北京:人民教育出版社,1995.

[48] 雅斯贝尔斯. 什么是教育[M]. 北京:生活・读书・新知三联书店,1991.

[49] 约翰・罗尔斯. 正义论[M]. 北京:中国社会科学出版社,2009.

[50] 约翰・罗尔斯. 作为公平的正义:正义新论[M]. 上海:上海三联书店,2002.

[51] 约翰・密尔. 论自由[M]. 北京:商务印书馆,2015.

[52] 杨东平. 中国教育公平的理想与现实[M]. 北京:北京大学出版社,2006.

[53] 亚里士多德. 政治学[M]. 北京:商务印书馆,1965.

[54] 曾继耘. 差异发展教学研究[M]. 北京:首都师范大学出版社,2006.

[55] 张人杰. 国外教育社会学基本文选[M]. 上海:华东师范大学出版社,1989.

[56] 赵汀阳. 论可能生活[M]. 北京:生活・读书・新知三联书店,1994.

[57] 周洪宇. 教育公平:维系社会公平正义的基石[M]. 北京:中国人民

大学出版社,2014.

[58] Coleman, James. Equality and Achievement in Education[M]. Boulder : Westview Press,1990.

[59] Douglas W. Equalities[M]. Cambridge: Harvard University Press,1981.

[60] Kline, R. B. Principles and Practice of Structural Equation Modeling[M]. New York:Guilford Press,2010.

[61] Thomas L. Good. Brophy. Looking in Classrooms[M]. Boston: Allyn & Bacon,2007.

[62] Young, I. M. Justice and the Politics of Difference[M]. New Jersey:Princeton University Press,1990.

二、期刊类

[1] 鲍传友. 课堂教学不公平现象初探[J]. 教育理论与实践,2001(10).

[2] 卜玉华. 当前深化我国课堂教学改革的三个问题[J]. 教育科学研究,2013(07).

[3] 程天君. 新教育公平引论——基于我国教育公平模式变迁的思考[J]. 教育发展研究,2017(02).

[4] 程介明. 教育是在缩小还是扩大社会不公[J]. 探索与争鸣,2015(05).

[5] 陈栋. 底线与上限:论教育公平的立场、内涵和限度——兼论新教育公平的实践路径[J]. 教育发展研究,2017(02).

[6] 崔梅,葛敏. 新时代新教育公平论析[J]. 学校党建与思想教育,2018(03).

[7] 陈智琼,赵正. 课堂教学公平的解读[J]. 教育与现代化,2008(02).

[8] 董小平. 课堂公平:蕴含、缺失与建构[J]. 辽宁教育研究,2006(03).

[9] 邓银城. 论学校内部教育资源合理配置与教育公平[J]. 教育研究与实验,2010(06).

[10] 杜德栎,张俊列. 论教学公平性问题[J]. 教育理论与实践,2007(22).

[11] 党永海. 多元智能理论视野下的课堂教学公平[J]. 现代教育科学,2007(05).

[12] 冯建军. 承认正义：正派社会教育制度的价值基础[J]. 南京社会科学，2015(11).

[13] 冯建军. 后均衡化时代的教育正义：从关注“分配”到关注“承认”[J]. 教育研究，2016(04).

[14] 冯建军. 教育公正需要什么样的教育平等[J]. 教育研究，2008(09).

[15] 冯建军. 义务教育优质均衡发展的理论研究[J]. 全球教育展望，2013(01).

[16] 冯建军. 课堂公平的教育学视角[J]. 教育发展研究，2017(10).

[17] 冯建军，刘霞. “适合的教育”：内涵、困境与路径选择[J]. 南京社会科学，2017(11).

[18] 高伟. 从追求绝对正义到反对非正义——教育正义论的范式转换[J]. 教育研究，2016(08).

[19] 高水红. 个人属性、群体排斥与国家支配——教育公平分析的三种路径[J]. 教育研究与实验，2016(06).

[20] 顾明远. 公平而差异是基础教育的必然选择[J]. 上海教育科研，2007(09).

[21] 蒿楠. 教学伦理：内涵、关键话题与实践回应[J]. 思想理论教育，2013(24).

[22] 葛敏. 我国教育公平辨析[J]. 湖北社会科学，2017(08).

[23] 郭晓娜，靳玉乐. 反思教学与课堂公平[J]. 现代中小学教育，2007(02).

[24] 郭元祥. 对教育公平问题的理论思考[J]. 教育研究，2000(03).

[25] 贾万刚. 从“因材施教”到“因需施教”——关于“教育”一题的若干思考[J]. 现代教育科学，2010(06).

[26] 郝文武. 平等与效率相互促进的教育公平量化指标和关系状态[J]. 高等教育研究，2010(08).

[27] 郝文武. 课程教学公平的本质特征和量化测评[J]. 教育研究与实验，2011(05).

[28] 郝亚迪，胡惠闵. 从课堂提问看学习机会的公平——基于Z市初中生的调查分析[J]. 教育发展研究，2016(02).

[29]黄向阳. 公平之道的探索：以排座位为例[J]. 全球教育展望，2017(04).

[30] 李金钊.课堂教学公平观察量表的设计及观察方法[J].上海教育科研,2012(03).

[31] 李金刚. 多元教育公平观:新教育公平的题中之义——基于涂尔干社会团结思想的分析[J].教育发展研究,2017(02).

[32] 李佃来.马克思正义思想的三重意蕴[J]. 中国社会科学,2014(03).

[33] 李娟.西方教育公平指标体系研究与思考——以十种教育公平指标体系为例[J].外国中小学教育,2016(10).

[34] 李春玲.教育不平等的年代变化趋势(1940—2010)——对城乡教育机会不平等的再思考[J].社会学研究,2014(02).

[35] 李润洲.课堂教学公平问题的理性思考[J].天津市教科院学报,2002(04).

[36] 李西顺.关怀型课堂公平的三个基本问题[J].上海教育科研,2011(04).

[37] 吕星宇.教育过程公平研究:教育公平研究的新趋势[J].当代教育科学,2008(15).

[38] 吕寿伟.分配,还是承认——一种复合的教育正义观[J].教育学报,2014(02).

[39] 廖艳群.关于课程与教学公平的几点思考[J].河北师范大学学报(教育科学版),2008(04).

[40] 雷晓庆.当代教育公平内涵及其实现途径解析[J].当代教育科学,2017(06).

[41] 乐先莲.致力于更加公平的教育——来自发达国家的经验[J].比较教育研究,2007(02).

[42] 石中英.教育公平的主要内涵与社会意义[J].中国教育学刊,2008(03).

[43]石中英.教育公平政策终极价值指向反思[J].探索与争鸣,2015(05).

[44] 孙玲.教学评价背后的价值冲突及反思[J].教育理论与实践,2011(31).

[45] 王建华.教育公平的两种概念[J].教育研究与实验,2016(06).

[46] 王建华.新教育公平的旨趣[J].教育发展研究,2017(02).

[47] 王建华. 教育公平或许是无用的：一种不合时宜的沉思[J]. 教育发展研究，2017(19).

[48] 王建军，文剑兵，林凌，等. 初中课堂教学中的学习机会：表现与差异[J]. 全球教育展望，2016(09).

[49] 王善迈. 教育公平的分析框架和评价指标[J]. 北京师范大学学报(社会科学版)，2008(03).

[50] 王晓妹. 义务教育阶段学校内涵发展督导评估指标体系的研究[J]. 教育科学，2012(06).

[51] 王方全. 从单生回答看课堂中的教学公平[J]. 教学与管理，2014(20).

[52] 王升，张燕. 教学公平重要性及实施策略[J]. 中国教育学刊，2009(05).

[53] 王彦明. 教学正义：义务教育均衡发展内蕴价值[J]. 中国教育学刊，2011(09).

[54] 吴永军. 教育公平：当今中国基础教育发展的核心价值[J]. 教育发展研究，2012(18).

[55] 吴亮奎. 课程与教学公平：基于个体差异的解释[J]. 教育学术月刊，2013(04).

[56] 汪卫平. 课堂公平：教育公平的底层思考[J]. 教育理论与实践，2011(11).

[57] 肖军飞，刘大伟. 差异教育的公平性及其微观实现过程[J]. 教育学术月刊，2012(03).

[58] 杨小微. 公平取向下义务教育发展的评价指标探究[J]. 华中师范大学学报(人文社会科学版)，2013(04).

[59] 杨小微，李学良. 关注学校内部公平的指数研究[J]. 教育科学研究，2016(11).

[60] 于世华. 教学公平：追求课堂资源的体验功能[J]. 当代教育科学，2010(20).

[61] 余维武. 课堂教学中的教育公平问题——对一个课堂教学案例的分析[J]. 上海教育科研，2007(02).

[62] 闫兵. 布迪厄“场域”视野下之课堂教学公平[J]. 教育导刊(上半月)，

2013(09).

[63] 曾文婕."正视"教师情绪——教学公平研究的应有取向[J].中国教育学刊,2009(07).

[64] 曾继耘.论差异发展教学与教育公平的关系[J].中国教育学刊,2005(06).

[65] 钟祖荣.论教育过程公平的几个问题[J].北京教育学院学报,2012(05).

[66] 周金燕.我国教育公平指标体系的建立[J].教育科学,2006(01).

[67] 张定强.论教学公正及其实现策略[J].课程·教材·教法,2018(02).

[68] 张爱华,金硕.河北省义务教育阶段教育过程公平问卷调查与成效分析[J].河北师范大学学报(教育科学版),2012(10).

[69] 郑惠懋.课堂教学公平的内涵、问题及对策[J].教育评论,2017(04).

[70] Chory, R. M. Enhancing Student Perceptions of Fairness: The Relationship Between Instructor Credibility and Classroom Justice [J]. Communication Education, 2007(01).

[71] Davis, Joy Lawson. Joining Hands: Race, Social Justice, and Equal Opportunity in Your Classroom[J]. Education Digest, 2016(04).

[72] David Blazar, Matthew A. Kraft. Teacher and Teaching Effects on Students' Attitudes and Behaviors[J]. Educational Evaluation and Policy Analysis, 2017(01).

[73] Di Angelo, Robin, Sensoy, Ozlem2. "We don't want your opinion": Knowledge Construction and the Discourse of Opinion in the Equity Classroom[J]. Equity and Excellence in Education, 2009(04).

[74] Department of Theoretical and Experimental Education University of Liège. Equity in European Educational Systems: A Set of Indicators[R]. European Commission Directorate General of Education and Culture Project Socrates, 2005.

[75] Felix Maringe, Nevensha Sing. Teaching Large Classes in an Increasingly Internationalising Higher Education Environment: Pedagogical, Quality and Equity Issues [J]. Higher Education, 2014(06).

[76] Joseph Di Martino, Sherri Miles. Equity in the Classroom [J]. Principal Leadership,2004(04).

[77] Kimberly,D. Tanner. Structure Matters: Twenty-one Teaching Strategies to Promote Student Engagement and Cultivate Classroom Equity [J]. Life Sciences Education,2013(11).

[78] Sabbagh,C. & Resh,N. Unfolding Justice Research in the Realm of Education[J]. Social Justice Research,2016(1).

三、其他

[1] 陈如平. 走向有质量的教育公平[N]. 中国教育报,2007 - 08 - 18 (003).

[2] 谢维和. 中国教育公平的阶段性分析——兼谈教育公平的新假说[N]. 光明日报,2015 - 04 - 28(014).

[3] 吴康宁. 教育机会公平的三个层次[N]. 中国教育报,2010 - 05 - 04 (004).

[4] 褚宏启. 关注差异性公平[N]. 光明日报,2012 - 12 - 08(006).

[5] 中共中央关于教育体制改革的决定(1985)[EB/OL]. (1985 - 05 - 27)[2009 - 09 - 04]. http://www.chsi.com.cn/jyzx/200909/20090904/31939649.html.

[6] 国家中长期教育改革和发展规划纲要(2010—2020年)[EB/OL]. (2010 - 03 - 01)[2012 - 05 - 01]. http://wenku.baidu.com/view/53d4dc087cd18425 4b3535cc.html.

[7] 陈婉婕. 教育过程参与机会公平问题研究[D]. 芜湖:安徽师范大学,2013.

[8] 付蕙灵. 课堂教学公平研究[D]. 西安:陕西师范大学,2014.

[9] 郝亚迪. 学习机会公平视角下的课堂提问研究[D]. 上海:华东师范大学,2017.

[10] 苗娜. 课堂教学公平研究[D]. 西安:陕西师范大学,2011.

[11] 倪嘉蔚. 课堂教学公平状况研究[D]. 上海:华东师范大学,2010.

[12] 刘艳楠. 教育公平视阈下课堂教学行为研究[D]. 曲阜:曲阜师范大学,2016.

[13] 李宛谕. 中学课堂教学公平研究[D]. 呼和浩特:内蒙古师范大学,2015.

[14] 吕星宇. 论教育过程公平[D]. 上海:华东师范大学,2009.

[15] 潘冰. 海口市中学课堂教学公平问题实证研究:基于社会学的视角[D]. 海口:海南师范大学,2013.

[16] 王燕. 小学课堂教学公平现状调查及对策研究:以山东省某小学为个案研究[D]. 长春:东北师范大学,2010.

[17] 王荣荣. 课堂教学公平实证研究[D]. 西安:陕西师范大学,2013.

[18] 汪亚琼. 我国公平教育之检讨:基于学校待遇与学生公平观的调查[D]. 上海:华东师范大学,2013.

[19] 岳藤. 小学课堂教学公平问题研究[D]. 海口:海南师范大学,2015.

[20] 于静. 小学课堂教学公平问题研究[D]. 临汾:山西师范大学,2014.

[21] 张扬. 问题与对策:课堂教学公平探究[D]. 长春:东北师范大学,2014.

[22] 张素芳. 对课堂教学公平的理论审视及现实考察[D]. 西安:陕西师范大学,2010.

[23] 赵延金. 课堂教学公平问题的理论与实践研究[D]. 武汉:华中科技大学,2004.

附 录

附录一　课堂教学公平指标体系研究（第一轮专家意见征询问卷）

尊敬的专家、老师：

您好！学生现就读于南京师范大学，硕士学位论文题目为“课堂教学公平内涵及其指标体系研究”，素闻您在本研究领域的高深造诣，特向您征询意见和建议，以提高指标体系的专家效度。冒昧恳请您拨冗对本指标体系框架提出宝贵意见，问卷填答结果仅供学术研究之用，非常感谢您的帮助！

此致

敬礼！

南京师范大学教育科学学院

一、课堂教学公平指标体系框架总览

一级指标	二级指标	三级指标
A1 平等对待每个学生	B1 身份平等	C1 生生平等
		C2 师生平等
	B2 权利平等	C3 参与权
		C4 发言权
		C5 表达权
		C6 交流权

（续表）

一级指标	二级指标	三级指标
A1 平等对待每个学生	B3 资源分配合理	C7 空间资源分配
		C8 教学时间分配
		C9 教学资料分配
		C10 教辅用具分配
	B4 机会平等	C11 提问的机会
		C12 发言的机会
		C13 师生互动的机会
		C14 学习交流的机会
		C15 获得评价的机会
		C16 作业练习的机会
A2 差别对待不同学生	B5 选择多样	C17 满足不同学生的不同兴趣
		C18 符合学生学习能力方面的差异
		C19 适应不同学生的不同学习风格
	B6 因材施教	C20 分组教学
		C21 弹性教学
		C22 个别化教学
	B7 多元评价	C23 学生参与
		C24 标准多元
		C25 方式多样
A3 关注每个学生的发展	B8 共同发展	C26 大众学生的发展
		C27“弱势”学生的发展
		C28 优秀学生的发展
	B9 全面发展	C29 所有学生的健康发展
		C30 每个学生的综合发展
	B10 个性发展	C31 适合的发展
		C32 个性的形成

（续表）

一级指标	二级指标	三级指标
A4 公正体验	B11 爱的关怀	C33 归属感
		C34 信赖感
	B12 平等的尊重	C35 师生尊重
		C36 生生尊重
	B13 成就的赞许	C37 自豪感
		C38 满意度
		C39 幸福感
A5 反向指数	教学特权、教学歧视、教学排斥、教学羞辱	

二、您认为课堂教学公平指标体系的一级指标应该包括哪些？

一级指标	合适	不合适	您的理由/建议
A1 平等对待每个学生			
A2 差别对待不同学生			
A3 关注每个学生的发展			
A4 公正体验			
A5 反向指数			
您认为可以增加/删减哪些一级指标？	1. ____ 2. ____ 3. ____ 4. ____ 5. ____		
其他意见			

三、您认为课堂教学公平指标体系的一级指标可以用哪些二级指标来体现?

一级指标	二级指标	匹配	不匹配	您的理由/建议
A1 平等对待每个学生	B1 身份平等			
	B2 权利平等			
	B3 资源分配合理			
	B4 机会平等			
A2 差别对待不同学生	B5 选择多样			
	B6 因材施教			
	B7 多元评价			
A3 关注每个学生的发展	B8 共同发展			
	B9 全面发展			
	B10 个性发展			
A4 公正体验	B11 爱的关怀			
	B12 平等的尊重			
	B13 成就的赞许			
A5 反向指数	教学特权、教学歧视、教学排斥、教学羞辱			
您认为可以增加/删减哪些二级指标?	1. ______ 2. ______ 3. ______ 4. ______ 5. ______			
其他意见				

四、您认为课堂教学公平指标体系的二级指标可以用哪些三级指标来体现？

一级指标	二级指标	三级指标	匹配	不匹配	您的理由/建议
A1 平等对待每个学生	B1 身份平等	C1 生生平等			
		C2 师生平等			
	B2 权利平等	C3 参与权			
		C4 发言权			
		C5 表达权			
		C6 交流权			
	B3 资源分配合理	C7 空间资源分配			
		C8 教学时间分配			
		C9 教学资料分配			
		C10 教辅用具分配			
	B4 机会平等	C11 提问的机会			
		C12 发言的机会			
		C13 师生互动的机会			
		C14 学习交流的机会			
		C15 获得评价的机会			
		C16 作业练习的机会			
您认为可以增加/删减哪些三级指标？	1. ________ 2. ________ 3. ________ 4. ________				
其他意见					

（续表）

一级指标	二级指标	三级指标	匹配	不匹配	您的理由/建议
A2 差别对待不同学生	B5 选择多样	C17 满足不同学生的不同兴趣			
		C18 符合学生学习能力方面的差异			
		C19 适应不同学生的不同学习风格			
	B6 因材施教	C20 分组教学			
		C21 弹性教学			
		C22 个别化教学			
	B7 多元评价	C23 学生参与			
		C24 标准多元			
		C25 方式多样			
您认为可以增加/删减哪些三级指标？	1. ____ 2. ____ 3. ____ 4. ____				
其他意见					
A3 关注每个学生的发展	B8 共同发展	C26 大众学生的发展			
		C27“弱势”学生的发展			
		C28 优秀学生的发展			
	B9 全面发展	C29 所有学生的健康发展			
		C30 每个学生的综合发展			
	B10 个性发展	C31 适合的发展			
		C32 个性的形成			

（续表）

一级指标	二级指标	三级指标	匹配	不匹配	您的理由/建议
您认为可以增加/删减哪些三级指标？	1. ____ 2. ____ 3. ____ 4. ____ 5. ____				
其他意见					
A4 公正体验	B11 爱的关怀	C33 归属感			
		C34 信赖感			
	B12 平等的尊重	C35 师生尊重			
		C36 生生尊重			
	B13 成就的赞许	C37 自豪感			
		C38 满意度			
		C39 幸福感			
您认为可以增加/删减哪些三级指标？	1. ____ 2. ____ 3. ____ 4. ____				
其他意见					

您对该指标体系的其他意见或建议：

____

____

____

____

____

____

问卷到此结束，衷心感谢您的帮助，谢谢！

附录二　课堂教学公平指标体系研究（第二轮专家意见征询问卷）

尊敬的专家、老师：

您好！学生现就读于南京师范大学，硕士学位论文题目为“课堂教学公平内涵及其指标体系研究”，素闻您在本研究领域的高深造诣，特向您征询意见和建议，以提高指标体系的专家效度。冒昧恳请您拨冗对本指标体系框架提出宝贵意见，问卷填答结果仅供学术研究之用，非常感谢您的帮助！

此致

敬礼！

南京师范大学教育科学学院

一、课堂教学公平指标体系框架总览

一级指标	二级指标	三级指标	您认为不适合或需修改的指标有哪些
A 平等性公平	A1 身份平等	A1.1 生生平等	
		A1.2 师生平等	
	A2 权利平等	A2.1 参与权	
		A2.2 表达权	
		A2.3 知情权	
	A3 资源分配合理	A3.1 空间资源分配	
		A3.2 教学时间分配	
		A3.3 教学资料分配	
		A3.4 教辅用具分配	

（续表）

一级指标	二级指标	三级指标	您认为不适合或需修改的指标有哪些
A 平等性公平	A4 机会平等	A4.1 提问的机会	
		A4.2 发言的机会	
		A4.3 师生互动的机会	
		A4.4 获得评价的机会	
		A4.5 作业练习的机会	
B 差异性公平	B1 多样教学	B1.1 满足不同学生的不同兴趣	
		B1.2 符合学生学习能力方面的差异	
		B1.3 适应不同学生的不同学习风格	
	B2 多元评教	B2.1 评价主体多元	
		B2.2 评价内容多维	
		B2.3 评价方式多样	
C 发展性公平	C1 共同发展	C1.1 大众学生的发展	
		C1.2 “弱势”学生的发展	
		C1.3 优秀学生的发展	
	C2 个性发展	C2.1 适合的发展	
		C2.2 个性的形成	
D 公正体验	D1 信任感	D1.1 信任老师	
		D1.2 信任同学	
		D1.3 被老师和同学信任	
	D2 公平感	D2.1 受到公正对待	
		D2.2 得到平等尊重	
	D3 成就感	D3.1 自豪感	
		D3.2 满意度	
E 反向指数	E1 教学特权、E2 教学歧视、E3 教学排斥、E4 教学羞辱		

二、您认为课堂教学公平指标体系的一级指标应该包括哪些？

一级指标	合适	不合适	您的理由/建议
A 平等性公平			
B 差异性公平			
C 发展性公平			
D 公正体验			
E 反向指数			
您认为可以增加/删减哪些一级指标？	1. ____ 2. ____ 3. ____ 4. ____		
其他意见			

三、您认为课堂教学公平指标体系的一级指标可以用哪些二级指标来体现？

一级指标	二级指标	合适	不合适	您的理由/建议
A 平等性公平	A1 身份平等			
	A2 权利平等			
	A3 资源分配合理			
	A4 机会平等			
B 差异性公平	B1 多样教学			
	B2 多元评教			
C 发展性公平	C1 共同发展			
	C2 个性发展			

（续表）

一级指标	二级指标	合适	不合适	您的理由/建议
D 公正体验	D1 信任感			
	D2 公平感			
	D3 成就感			
E 反向指数	E1 教学特权			
	E2 教学歧视			
	E3 教学排斥			
	E4 教学羞辱			
您认为可以增加/删减哪些一级指标？	1. ____ 2. ____ 3. ____ 4. ____			
其他意见				

四、您认为课堂教学公平指标体系的二级指标可以用哪些三级指标来体现？

一级指标	二级指标	三级指标	合适	不合适	您的理由/建议
A 平等性公平	A1 身份平等	A1.1 生生平等			
		A1.2 师生平等			
	A2 权利平等	A2.1 参与权			
		A2.2 表达权			
		A2.3 知情权			

（续表）

一级指标	二级指标	三级指标	合适	不合适	您的理由/建议
A 平等性公平	A3 资源分配合理	A3.1 空间资源分配			
		A3.2 教学时间分配			
		A3.3 教学资料分配			
		A3.4 教辅用具分配			
	A4 机会平等	A4.1 提问的机会			
		A4.2 发言的机会			
		A4.3 师生互动的机会			
		A4.4 获得评价的机会			
		A4.5 作业练习的机会			
您认为可以增加/删减哪些三级指标？	1. ________ 2. ________ 3. ________ 4. ________				
其他意见					
B 差异性公平	B1 多样教学	B1.1 满足不同学生的不同兴趣			
		B1.2 符合学生学习能力方面的差异			
		B1.3 适应不同学生的不同学习风格			
	B2 多元评教	B2.1 评价主体多元			
		B2.2 评价内容多维			
		B2.3 评价方式多样			

（续表）

一级指标	二级指标	三级指标	合适	不合适	您的理由/建议
您认为可以增加/删减哪些一级指标？	1. ______ 2. ______ 3. ______ 4. ______				
其他意见					
C 发展性公平	C1 共同发展	C1.1 大众学生的发展			
		C1.2 “弱势”学生的发展			
		C1.3 优秀学生的发展			
	C2 个性发展	C2.1 适合的发展			
		C2.2 个性的形成			
您认为可以增加/删减哪些一级指标？	1. ______ 2. ______ 3. ______ 4. ______				
其他意见					

（续表）

一级指标	二级指标	三级指标	合适	不合适	您的理由/建议
D 公正体验	D1 信任感	D1.1 信任老师			
		D1.2 信任同学			
		D1.3 被老师和同学信任			
	D2 公平感	D2.1 受到公正对待			
		D2.2 得到平等尊重			
	D3 成就感	D3.1 自豪感			
		D3.2 满意度			
您认为可以增加/删减哪些一级指标？	1. ______ 2. ______ 3. ______ 4. ______				
其他意见					

您对该指标体系的其他意见或建议：

______

______

______

______

______

问卷到此结束，衷心感谢您的帮助，谢谢！

附录三　课堂教学公平指标体系研究（第三轮专家意见征询问卷）

尊敬的专家、老师：

您好！学生现就读于南京师范大学，硕士学位论文题目为“课堂教学公平内涵及其指标体系研究”，素闻您在本研究领域的高深造诣，特向您征询意见和建议，以提高指标体系的专家效度。冒昧恳请您拨冗对本指标体系框架提出宝贵意见，问卷填答结果仅供学术研究之用，非常感谢您的帮助！

此致

敬礼！

南京师范大学教育科学学院

一、课堂教学公平指标体系框架总览

一级指标	二级指标	三级指标
A 平等对待	A1 身份平等	A1.1 生生平等
		A1.2 师生平等
	A2 权利平等	A2.1 参与权
		A2.2 表达权
		A2.3 知情权
	A3 资源分配公平	A3.1 空间资源分配
		A3.2 教学时间分配
		A3.3 教辅用具分配

（续表）

<table>
<tr><th>一级指标</th><th>二级指标</th><th>三级指标</th></tr>
<tr><td rowspan="4">A 平等对待</td><td rowspan="4">A4 机会平等</td><td>A4.1 提问的机会</td></tr>
<tr><td>A4.2 发言的机会</td></tr>
<tr><td>A4.3 获得评价的机会</td></tr>
<tr><td>A4.4 获得练习的机会</td></tr>
<tr><td rowspan="6">B 不同对待</td><td rowspan="4">B1 因材施教</td><td>B1.1 满足不同学生的不同兴趣</td></tr>
<tr><td>B1.2 符合学生学习能力方面的差异</td></tr>
<tr><td>B1.3 适应不同学生的不同学习风格</td></tr>
<tr><td>B1.4 满足不同学生个性发展的要求</td></tr>
<tr><td>B2 关注“弱势”学生</td><td>B2.1 考虑到“弱势”群体学生</td></tr>
<tr><td>B3 关注优秀学生</td><td>B3.1 为学习能力较强的学生提供适合的教学</td></tr>
<tr><td rowspan="7">C 公正体验</td><td rowspan="4">C1 信任感</td><td>C1.1 信任老师</td></tr>
<tr><td>C1.2 信任同学</td></tr>
<tr><td>C1.3 被老师信任</td></tr>
<tr><td>C1.4 被同学信任</td></tr>
<tr><td rowspan="2">C2 公平感</td><td>C2.1 得到适合的教学</td></tr>
<tr><td>C2.2 受到公正对待</td></tr>
<tr><td>C3 满意度</td><td>C3.1 对课堂教学感到满意</td></tr>
<tr><td>D 反向指数</td><td colspan="2">D1 教学特权、D2 教学歧视、D3 教学排斥、D4 教学羞辱</td></tr>
</table>

二、您认为课堂教学公平指标体系的一级指标应该包括哪些？

一级指标	合适	不合适	您的理由/建议
A 平等对待			
B 不同对待			
C 公正体验			
D 反向指数			

（续表）

一级指标	合适	不合适	您的理由/建议
您认为可以增加/删减哪些一级指标？	1. ____________ 2. ____________ 3. ____________		
其他意见			
请您按照课堂教学公平影响程度高低对一级指标进行排序(请将序号填写到横线上) 1. 平等对待 2. 不同对待 3. 公正体验 4. 反向指数(如增加新指标请自行编号并排序) ________>________>________>________			

三、您认为课堂教学公平指标体系的一级指标可以用哪些二级指标来体现？

一级指标	二级指标	合适	不合适	您的理由/建议
A 平等对待	A1 身份平等			
	A2 权利平等			
	A3 资源分配公平			
	A4 机会平等			
B 不同对待	B1 因材施教			
	B2 关注“弱势”学生			
	B3 关注优秀学生			
C 公正体验	C1 信任感			
	C2 公平感			
	C3 满意度			

（续表）

一级指标	二级指标	合适	不合适	您的理由/建议
D 反向指数	D1 教学特权			
	D2 教学歧视			
	D3 教学排斥			
	D4 教学羞辱			
您认为可以增加/删减哪些二级指标？	1. ________ 2. ________ 3. ________			
其他意见				

请您按照课堂教学公平影响程度高低对“同等对待”中的二级指标进行排序（请将序号填写到横线上）

1. 身份平等　2. 权利平等　3. 资源分配公平　4. 机会平等（如增加新指标请自行编号并排序）

________>________>________>________

请您按照课堂教学公平影响程度高低对“不同对待”中的二级指标进行排序（请将序号填写到横线上）

1. 因材施教　2. 关注“弱势”学生　3. 关注优秀学生（如增加新指标请自行编号并排序）

________>________>________

请您按照课堂教学公平影响程度高低对“公正体验”中的二级指标进行排序（请将序号填写到横线上）

1. 信任感　2. 公平感　3. 满意度（如增加新指标请自行编号并排序）

________>________>________

请您按照课堂教学公平影响程度高低对“反向指数”下的二级指标进行排序（请将序号填写到横线上）

1. 教学特权　2. 教学歧视　3. 教学排斥　4. 教学羞辱（如增加新指标请自行编号并排序）

________>________>________>________

四、您认为课堂教学公平指标体系的二级指标可以用哪些三级指标来体现?

一级指标	二级指标	三级指标	合适	不合适	您的理由/建议
A 平等对待	A1 身份平等	A1.1 生生平等			
		A1.2 师生平等			
	A2 权利平等	A2.1 参与权			
		A2.2 表达权			
		A2.3 知情权			
	A3 资源分配公平	A3.1 空间资源分配			
		A3.2 教学时间分配			
		A3.3 教辅用具分配			
	A4 机会平等	A4.1 提问的机会			
		A4.2 发言的机会			
		A4.3 获得评价的机会			
		A4.4 获得练习的机会			
您认为可以增加/删减哪些三级指标?	1. ____ 2. ____ 3. ____				
其他意见					

（续表）

<table>
<tr><th>一级指标</th><th>二级指标</th><th>三级指标</th><th>合适</th><th>不合适</th><th>您的理由/建议</th></tr>
<tr><td colspan="6">请您按照课堂教学公平影响程度高低对“身份平等”下的三级指标进行排序（请将序号填写到横线上）
1. 生生平等　2. 师生平等（如增加新指标请自行编号并排序）
________＞________
请您按照课堂教学公平影响程度高低对“权利平等”下的三级指标进行排序（请将序号填写到横线上）
1. 参与权　2. 表达权　3. 知情权（如增加新指标请自行编号并排序）
________＞________＞________
请您按照课堂教学公平影响程度高低对“资源分配公平”下的三级指标进行排序（请将序号填写到横线上）
1. 空间资源分配　2. 教学时间分配　3. 教辅用具分配（如增加新指标请自行编号并排序）
________＞________＞________
请您按照课堂教学公平影响程度高低对“机会平等”下的三级指标进行排序（请将序号填写到横线上）
1. 提问的机会　2. 发言的机会　3. 获得评价的机会　4. 获得练习的机会（如增加新指标请自行编号并排序）
________＞________＞________＞________</td></tr>
<tr><td rowspan="6">B不同对待</td><td rowspan="4">B1因材施教</td><td>B1.1满足不同学生的不同兴趣</td><td></td><td></td><td></td></tr>
<tr><td>B1.2符合学生学习能力方面的差异</td><td></td><td></td><td></td></tr>
<tr><td>B1.3适应不同学生的不同学习风格</td><td></td><td></td><td></td></tr>
<tr><td>B1.4满足不同学生个性发展的要求</td><td></td><td></td><td></td></tr>
<tr><td>B2关注“弱势”学生</td><td>B2.1考虑到“弱势”群体学生</td><td></td><td></td><td></td></tr>
<tr><td>B3关注优秀学生</td><td>B3.1为学习能力较强的学生提供适合的教学</td><td></td><td></td><td></td></tr>
</table>

（续表）

一级指标	二级指标	三级指标	合适	不合适	您的理由/建议
您认为可以增加/删减哪些三级指标？	1. ________________ 2. ________________ 3. ________________				
其他意见					
请您按照课堂教学公平影响程度高低对“因材施教”下的三级指标进行排序（请将序号填写到横线上） 1. 满足不同学生的不同兴趣　2. 符合学生学习能力方面的差异　3. 适应不同学生的不同学习风格　4. 满足不同学生个性发展的要求（如增加新指标请自行编号并排序） ________＞________＞________＞________					
C 公正体验	C1 信任感	C1.1 信任老师			
		C1.2 信任同学			
		C1.3 被老师信任			
		C1.4 被同学信任			
	C2 公平感	C2.1 得到适合的教学			
		C2.2 受到公正对待			
	C3 满意度	C3.1 对课堂教学感到满意			
您认为可以增加/删减哪些三级指标？	1. ________________ 2. ________________ 3. ________________				

（续表）

<table>
<tr><th>一级指标</th><th>二级指标</th><th>三级指标</th><th>合适</th><th>不合适</th><th>您的理由/建议</th></tr>
<tr><td>其他意见</td><td colspan="5"></td></tr>
<tr><td colspan="6">请您按照课堂教学公平影响程度高低对“信任感”下的三级指标进行排序（请将序号填写到横线上）
1. 信任老师　2. 信任同学　3. 被老师信任　4. 被同学信任（如增加新指标请自行编号并排序）
_______>_______>_______>_______
请您按照课堂教学公平影响程度高低将“公平感”下的三级指标进行排序（请将序号填写到横线上）
1. 得到适合的教学　2. 受到公正对待（如增加新指标请自行编号并排序并排序）
_______>_______</td></tr>
</table>

您对该指标体系的其他意见或建议：

____

____

____

____

问卷到此结束，衷心感谢您的帮助，谢谢！

附录四　课堂教学公平测量问卷

亲爱的同学：

你好！欢迎你参与一项教育调研活动。本次调研的目的在于科学有效地测量课堂教学公平状况。问卷一律采取无记名方式，答案无对错之分，调查结果仅用于学术研究。请同学们不要有任何顾虑，结合课堂教学过程中的实际情况，根据自己的切身经历，按照最真实的想法进行作答。非常感谢你的支持与配合！

一、基本情况

学校：________

班级：(　　)年级(　　)班

班级人数：________人

二、请结合课堂教学实际情况，在每个标准后面的五个等级中用"√"选择你认为最合适的一项

序号	具体标准	完全符合	比较符合	不确定	比较不符合	完全不符合
1	在课堂学习过程中，学生能够意识到自己与他人之间是平等的，并能够做到相互帮助、相互尊重、平等相处	5	4	3	2	1
2	在课堂教学过程中，教师能够意识到学生与学生之间是平等的，自己与每个学生之间也是平等的，而且能够平等地关怀、对待所有学生	5	4	3	2	1
3	在课堂教学过程中，每个学生都能平等地享有参与课堂学习活动的基本权利，教师能够关注到每个学生的课堂参与态度、参与机会、参与方式等	5	4	3	2	1

（续表）

序号	具体标准	完全符合	比较符合	不确定	比较不符合	完全不符合
4	在课堂学习过程中，每个学生都平等地享有表达权，拥有能够表达自己观念、想法、看法的权利，如提出问题、进行质疑的权利等	5	4	3	2	1
5	在课堂学习过程中，每个学生都平等地享有了解、熟知教学内容、教学方法、学习形式以及课堂中所发生的一切活动的权利	5	4	3	2	1
6	教师在排座位过程中能够平等地对待每个学生，在充分考虑学生的身高、视力等因素的基础上，以多样化的形式编排座位；此外，教师在课堂中的行走路线能够关注到每个学生，能够及时发现不认真听课、嬉戏打闹、小动作不断的学生	5	4	3	2	1
7	在课堂教学过程中，教师能够公平地分配教学时间，尊重每个学生的发展需求，不因个别同学与学习无关的行为占用或耽误其他学生的学习时间	5	4	3	2	1
8	在课堂教学过程中，学生能够平等地享有公共教学资源，如教学用具的发放、教学资料的发放、板书的设计、教学设备的使用等都能够充分考虑到每个学生	5	4	3	2	1
9	在课堂教学过程中，教师能够给予每个学生平等地进行提问的机会，保证每个学生对所学事物的思考与问题都能得到回应与解答	5	4	3	2	1
10	在课堂教学过程中，教师能够给予每个学生平等地发言、回答问题的机会，并且了解每个学生对所学事物的认识程度	5	4	3	2	1
11	在课堂教学过程中，教师既能够平等地评价每一个学生，运用不同的方式方法对所有学生的课堂表现、学习效果做出评价，也能够给予每个学生平等地对自我学习效果以及他人学习效果进行评价的机会	5	4	3	2	1

（续表）

序号	具体标准	完全符合	比较符合	不确定	比较不符合	完全不符合
12	在课堂教学过程中，教师能够给予每个学生平等地获得练习的机会，包括课堂练习卷、课后作业等	5	4	3	2	1
13	在课堂教学过程中，教师教学能够满足不同学生的学习兴趣，能够提供多样化的、可供学生选择的学习内容	5	4	3	2	1
14	在课堂教学过程中，教师教学能够考虑到不同学生的不同认知能力，并且能够考虑到不同学生的不同学习水平，组织形式多样，能够有针对性地进行分层教学、分组教学	5	4	3	2	1
15	在课堂教学过程中，教师教学能够关注到不同学生的不同学习风格，并能够采取多种教学方法，激发学生的学习动机，提升教学效果	5	4	3	2	1
16	在课堂教学过程中，教师能够意识到学生之间的个性差异，并且能够满足学生个性发展的要求，促进学生个性发展	5	4	3	2	1
17	在课堂教学过程中，教师能够考虑到学习能力较弱的学生，并以温和的方式对其学习活动进行干预	5	4	3	2	1
18	在课堂教学过程中，教师能够考虑到家庭困难的学生，赋予他们更多的机会与资源，并提供适当的帮助	5	4	3	2	1
19	在课堂教学过程中，教师能够为学习能力较强的学生提供较多的且适合其能力的教育，但不以牺牲其他学生的正当利益为前提	5	4	3	2	1
20	在课堂学习过程中，同学们能够充分信任老师的教学能力，在学习上遇到困难、存有疑惑或遭遇其他事情时，都会主动求助于老师，愿意接受老师的帮助	5	4	3	2	1

（续表）

序号	具体标准	完全符合	比较符合	不确定	比较不符合	完全不符合
21	在课堂学习过程中，同学之间能够彼此依赖、相互信任；面对困难时，互帮互助，一起合作解决问题	5	4	3	2	1
22	在课堂学习过程中，教师能够平等地相信每一个学生，相信每一个学生的学习能力，尊重每一个学生的人格尊严	5	4	3	2	1
23	在课堂学习过程中，自己是被其他同学所信任的；遇到困难时，同学们十分愿意接受“我”所提供的帮助	5	4	3	2	1
24	在课堂教学过程中，教师能够关注到每一个学生，并且每一个学生都能得到适合自己的学习资源、机会，学习适合自己发展的教学内容	5	4	3	2	1
25	在课堂学习过程中，每个学生都受到了公平对待，得到了平等的关怀、尊重和赞许	5	4	3	2	1
26	在课堂学习过程中，每个学生都对自己在学习过程中的表现感到满意，对自己的学习效果感到满意	5	4	3	2	1
27	在课堂教学过程中，学生对教师的教学行为、教学态度感到满意，对教师的教学效率感到满意	5	4	3	2	1
28	在课堂教学过程中，教师赋予部分同学特权，如纵容或包庇部分学生违反班级常规的行为	5	4	3	2	1
29	在课堂教学过程中，教师对家庭较为困难或者其他学生有所歧视，态度不够友好，行为不够友善	5	4	3	2	1
30	在课堂教学过程中，教师将学习能力较弱的学生排除在教育对象之外，将其“遗忘”在角落里，不管不顾、不闻不问这类学生	5	4	3	2	1
31	在课堂教学过程中，教师有用侮辱性语言辱骂、羞辱学生的行为，侵犯了学生的人格尊严，给学生造成了严重的心理伤害	5	4	3	2	1

三、你认为课堂教学还存在哪些公平问题?

____

____

____

____

____

____

____

____

____

问卷到此结束,非常感谢你的帮助!

后　记

教育公平是现代教育发展的基本价值取向。人们对教育公平的呼声愈来愈强烈，人人都渴望公平地享有高水平、高质量的教育。与过去相比，人们对教育公平的期盼早已超越了以往对以教育资源分配公平、教育机会分配均等为主要内容的教育起点公平的关注，转而关注教育过程公平、教育结果公平。课堂教学是基本的教育活动，课堂教学公平是教育过程公平的体现，也是实现教育结果公平的关键。

本书从新教育公平视野出发，立足于人的发展，在南京师范大学教育科学学院冯建军教授的指导下，运用文献分析法、德尔菲法以及问卷调查法三种研究方法，建构了课堂教学公平指标体系，并对其适切性进行了检验。值此出版之际，向导师冯建军教授表示衷心的感谢。冯老师“因材施教”，考虑到我平时对教育公平话题兴趣盎然，同时又结合我对教育统计学的认知和对SPSS软件的熟练操作，故引导我对课堂教学公平指标体系进行了研究。在研究过程中，我屡屡碰壁，幸而每次都能得到冯老师的引导与鼓励，使我能够继续前行。初稿完成之后，冯老师逐字逐句地认真阅读，不仅对初稿框架提出了修改意见，而且也指出了文中的错别字、标点符号使用错误等细节问题。“经师易得，人师难求。”冯老师不但是经师，更是人师。遇此恩师，我是何其幸运！

本书的顺利完成，也离不开南京师范大学教育科学学院王一军教授的指导与帮助。研究生三年，特别感谢您时刻提醒我多读书；感谢您多次带我走进校园，观摩课堂；感谢您以自己生活中的实例，教导我应该如何生活……

本书是江苏高校哲学社会科学优秀创新团队“新教育公平的理论建构与实践探索”项目研究的部分成果。在研究和写作过程中，也得到了该项目创新团队专家与学者们的指导。值此出版之际，向项目组各位专家学者表示衷心的感谢。特向项目负责人南京师范大学教育科学学院程天君教授表示感谢，感谢程老师的帮助与指导。没有您分享好文，我难以掌握更多研究资料；没有您及时点拨，我难以对课堂教学公平问题进行深入思考；没有您督促指导，本书难以较快面世。

在研究过程中，本研究也得到了华东师范大学杨小微教授，东北师范大学马云鹏教授，华南师范大学曾文婕教授，南京师范大学项贤明教授、邵泽斌教授、何善亮教授，陕西师范大学郝文武教授以及宁夏大学陶玉凤教授等专家们的帮助，值此出版之际，向所有专家表示诚挚的感谢。同时，向陕西师范大学胡金木老师、南京晓庄学院刘霞老师、江苏大学吕寿伟老师、杭州师范大学严从根老师、信阳师范学院杨建朝老师等师兄师姐们表示感谢，感谢你们帮助填写、发放德尔菲问卷，感谢你们时常为我解惑，帮助我成长。本书的出版也离不开南京师范大学出版社，特别是王艳和丁婧两位编辑的帮助，在此表示真挚的谢意。当然，还要特别向最爱我的父母表示感谢，在完成此书过程中，无论严寒还是酷暑，每每得到来自父母的关心，内心真是五味杂陈，本该到了替父母分忧的年龄，但却依旧让父母操碎了心，真的非常感谢父母对我的包容与谅解。千言万语，向所有帮助过我的老师、亲人、朋友衷心地说声感谢，感谢大家的帮助与鼓励，感谢大家一直都在！

教育公平问题由来已久，在很长一段时期内，人们对教育公平问题的关注集中于解决外部教育公平问题，即保障权利、提供机会、分配资源等方面。虽然解决外部教育公平问题也是促进教育公平的必然环节，但却始终不能实现真正意义上的教育公平。因此，近几年，学术界对教育公平研究的视角逐渐由外部教育公平向内部教育公平转移，更加关注微观层面的教育公平，如学校内部公平、课堂教学公平等。但“路漫漫其修远兮”，当前，以指标的方式对课堂教学公平进行研究尚处于起始阶段，且研究者能力有限，故本书尚存有一些不足，恳请各位读者批评指正。

雷晓庆

2018 年 8 月